第二语言习得名著译丛

Second Language Acquisition and
the Critical Period Hypothesis

第二语言习得与关键期假说

[美] 大卫·伯德桑（David Birdsong） / 主编

江倩虹　刘彦妗　/ 译

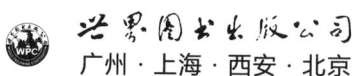
广州·上海·西安·北京

图书在版编目（CIP）数据

第二语言习得与关键期假说 /（美）大卫·伯德桑（David Birdsong）主编；江倩虹，刘彦妗译 . —广州：世界图书出版广东有限公司，2022.12
 ISBN 978-7-5232-0064-3

Ⅰ . ①第… Ⅱ . ①大…②江…③刘… Ⅲ . ①第二语言—语言学习—研究 Ⅳ . ① H003

中国版本图书馆 CIP 数据核字（2022）第 255543 号

Second Language Acquisition and the Critical Period Hypothesis 1st Edition / by David Birdsong / ISBN: 978-0-415-74508-6

Copyright © 1999，2014 Taylor & Francis
Authorized translation from English language edition published by Routledge, part of Taylor & Francis Group LLC; All Rights Reserved.
本书原版由 Taylor & Francis 出版集团旗下 Routledge 出版公司出版，并经其授权翻译出版。版权所有，侵权必究。

World Publishing Guangdong Corporation Limited is authorized to publish and distribute exclusively the Chinese (Simplified Characters) language edition. This edition is authorized for sale throughout Mainland of China. No part of the publication may be reproduced or distributed by any means, or stored in a database or retrieval system, without the prior written permission of the publisher.
本书中文简体翻译版授权由世界图书出版广东有限公司独家出版并仅限在中国大陆地区销售，未经出版者书面许可，不得以任何方式复制或发行本书的任何部分。

Copies of this book sold without a Taylor & Francis sticker on the cover are unauthorized and illegal.
本书贴有 Taylor & Francis 公司防伪标签，无标签者不得销售。

书　　名	第二语言习得与关键期假说 DI-ER YUYAN XIDE YU GUANJIANQI JIASHUO
主　　编	[美] 大卫·伯德桑（David Birdsong）
译　　者	江倩虹　刘彦妗
责任编辑	程　静
装帧设计	书艺歆
责任技编	刘上锦
出版发行	世界图书出版有限公司　世界图书出版广东有限公司
地　　址	广州市新港西路大江冲 25 号
邮　　编	510300
电　　话	020-84453623　84184026
网　　址	http://www.gdst.com.cn
邮　　箱	wpc_gdst@163.com
经　　销	各地新华书店
印　　刷	广州市迪桦彩印有限公司
开　　本	787 mm × 1 092 mm　1/16
印　　张	12
字　　数	220 千字
版　　次	2022 年 12 月第 1 版　2022 年 12 月第 1 次印刷
国际书号	ISBN 978-7-5232-0064-3
定　　价	45.00 元

版权所有　侵权必究
咨询、投稿：020-84451258　gdstchj@126.com

总策划：田根胜

《第二语言习得名著译丛》专家委员会

主　任：宫　齐

委　员：（按姓氏音序排列）

　　　　蔡金亭（上海财经大学）

　　　　丁建新（中山大学）

　　　　柯传仁（美国爱荷华大学）

　　　　李　兰（香港中文大学）

　　　　马秋武（北京语言大学）

　　　　冉永平（广东外语外贸大学）

　　　　王茂林（暨南大学）

　　　　温宾利（广东外语外贸大学）

　　　　吴东英（香港理工大学）

　　　　肖坤学（广州大学）

　　　　徐赳赳（中国社会科学院语言研究所）

　　　　张素敏（浙江工商大学）

　　　　赵　雯（暨南大学）

　　　　周　蓉（华南师范大学）

总　序

一

第二语言习得（Second Language Acquisition，简称 SLA）研究起源于上世纪中叶。当时，由于居主导地位行为主义"刺激－反应论"的影响，人们一向都把语言学习视为模仿和重复的过程。然而，N. Chomsky "天赋论"的提出对前者的理论提出了巨大挑战。天赋论认为，语言能力是人类与生俱来的天赋，第二语言与第一语言在习得上并无本质的差异。这种语言能力说得到了儿童语言习得研究的进一步证实。后来，D. Hymes 在 Chomsky "语言能力说"的基础上又提出了交际能力的概念，为 SLA 研究提供了新的视角。

进入 20 世纪 70 年代末，伴随 S. Krashen 输入假说的提出，研究者将注意力转移至输入和语言接触在习得中的作用方面。于是，语言输入及其对语言习得的影响、学习动机、年龄、社会语境和认知能力等话题便成了 SLA 的研究热点。此后，又有学者提出将心理学家 L. S. Vygotsky 的社会文化论引入 SLA 研究。这些学者认为，语言习得不仅仅是认知过程，更是学习者通过与语言环境互动和交流获得语言的过程。社会文化论强调社会互动和文化语境对 SLA 的重要影响，这就打破了当时认知论主导 SLA 研究的旧有格局，为二语习得提供了新的理论框架和研究方向。

90 年代后（特别是新世纪以来），SLA 研究取得了长足的发展，其研究方法亦呈多样化发展态势，形成了科学而系统的研究范域。同时，许多新兴研究领域如信息辅助语言学习、数字化读写能力研究、个体差异研究和在线虚拟环境研究等逐渐形成。网络数字技术和 SLA 理论的不断发展促进了数字技术在语言学习中的应用。研究者通过实地语境观测、语言学习过程的系统描写、精准的实验分析、实验室计算机模拟，以及教育技术在语言习得中的应用等取得了许多令人振奋的研究成果。可以说，近 30 年是 SLA 研究发展的繁盛时期。继 90

年代 William Ritchie 和 Tej Bhatia 合作主编的《第二语言习得综览》（*Handbook of Second Language Acquisition*，1996）和《儿童语言习得综览》（*Handbook of Child Language Acquisition*，1999）两本大部头专集的出版，进入新世纪后又相继有十余部重量级的综论性专集面世，如 Catherine J. Doughty 和 Michael H. Long 主编的《第二语言习得综览》（*The Handbook of Second Language Acquisition*，2003）、Alison Mackey 和 Susan M. Gass 主编的《第二语言习得中的研究方法》（*Research Methods in Second Language Acquisition*，2012）、Julia Herschensohn 和 Martha Young-Scholten 主编的《剑桥第二语言习得综览》（*The Cambridge Handbook of Second Language Acquisition*，2013）等。此后，国际著名出版社 Routledge 又推出了"Routledge 第二语言习得综览"文库系列，其中包括 Naoko Taguchi 主编的《第二语言习得与语用学综览》（2019）、Paula Winke 和 Tineke Brunfaut 主编的《第二语言习得与语言测试综览》（2020）、Nicole Tracy-Ventura 和 Magali Paquot 主编的《第二语言习得与语料库综览》（2020）、Aline Godfroid 和 Holger Hopp 主编的《第二语言习得与心理语言学综览》（2022）、Kimberly Geeslin 主编的《第二语言习得与社会语言学综览》（2022）；Shaofeng Li、Phil Hiver 和 Mostafa Papi 主编的《第二语言习得与个体差异研究综览》（2022）、Nicole Ziegler 和 Marta González-Lloret 主编的《第二语言习得与技术综览》（2022）、Rosa M. Manchón 和 Charlene Polio 主编的《第二语言习得与写作综览》（2022），以及 Tracey M. Derwing、Murray Munro 和 Ron I. Thomson 主编的《第二语言习得与交际综览》（2022）等。

  这些成书于不同时期的概览性专集，分别从各自不同的角度对 SLA 研究的发展历程进行了全面的梳理，并通过历时和共时的考察，清晰地再现了特定历史时期的热点问题和理论演进，详实地总结了前人的主要观点和研究成果。在这些专集中，早期的综览多以综述 SLA 的不同理论和方法、研究问题、研究趋向和成果为主，论题甚为广泛，一般不聚焦于某具体专题；而后期的专集则更多以专题的形式呈现，对 SLA 学科内部的划分更趋深入、系统，更注重跨学科研究方法和成果的介绍。这些《综览》的面世不仅可以使学习者对 SLA 研究的发展历程有一个全方位的了解，还能帮助他们准确把握这一研究领域的最新动态和发展趋向。专集中的所有文章均出自特定分支领域的名家之手，每章或书末都附有完整的参考文献，而这些文献资源恰恰是 SLA 学习者和研究者最为宝贵的资料来源，具有极其重要的学术参考价值。如今，SLA 研究已全面覆盖了儿童和成人对第二（或第三）语言或方言的习得与应用，其中广泛吸纳了心理学、教育学、人类学、传播学等相关学科的研究方法。对第二语言习得的过程、特点、规律及其复杂性的深入发掘，使人们能够更好地预测和阐释学习的过程，并从中获得更加行之有效的学习策略和教学方法。

二

本系列译丛第一辑的 5 部英文原著由世界图书出版广东有限公司从泰勒弗朗西斯出版集团（Taylor & Francis Group）购入汉译版权，它们分别是：《第二语言习得与关键期假说》（*Second Language Acquisition and the Critical Period Hypothesis*，1999）、《第二语言习得中的普遍语法》（*Universal Grammar in Second-Language Acquisition*，2004）、《第二语言习得中的形式－意义联结》（*Form-Meaning Connections in Second Language Acquisition*，2004）、《言语产出与第二语言习得》（*Speech Production and Second Language Acquisition*，2006），以及《社会语言学与第二语言习得》（*Sociolinguistics and Second Language Acquisition*，2014）。以下是这 5 部专著的简要介绍：

《第二语言习得与关键期假说》的主编是美国德克萨斯大学奥斯丁分校语言学教授 David Birdsong，其研究以第二语言习得、双语现象、心理语言学和法语语言学见长。该书共 7 章，详细讨论并分析了第二语言习得中影响人们最终语言输出的各种神经认知和经验的影响因素，探究了关键期假说作为阐释机制的充分性和适度性，旨在对成人第二语言习得关键期假说给予公允的学术评价。该书涵盖了第二语言习得关键期假说的系统阐释和诸多热点问题，其中包括语言规模与关键期的协同进化，第二语言习得关键期年龄与语言表现之间的关系，第二语言学习者发音的最终习得输出，以及第二语言习得年龄差异的语言和认知因素等。这部专著的出版为二语习得机制和认知发展研究开辟了一条崭新的路径。

《第二语言习得中的普遍语法》的著者为美国波士顿学院的语言学教授 Margaret Thomas，其研究领域主要为语言学史、理论语言学、语言学方法论、应用语言学和第二语言习得。她的这部专著共分 8 章，按历史发展进程叙述了人类语言发展及其重要的共性与特性，深入挖掘了第二语言及外语学习的本质和演变进程，特别是语言特性对 17 世纪普遍语言现象的贡献。该书集中讨论了希腊语研究对普遍语法史前研究的贡献、罗马语的双语现象、中世纪早期外语语法的出现，以及中世纪语法学家对人类语言本质特征的界定等。此外，作者还回顾了后索绪尔时代的欧洲语言学、美国结构主义、现代生成语法，及其各自从不同的角度对语言普遍性和语言学习的论述。全书史料丰富，具有重要的理论和学术价值，是一部不可多得的语言学史参考书。

《第二语言习得中的形式－意义联结》一书共有 4 位编者，他们是 Bill VanPatten、Jessica Williams、Susanne Rott 和 Mark Overstreet。其中 VanPatten 是美国密歇根州立大学的语言学教授，二语习得的著名学者，其研究领域主要为应用语言学、第二语言习得，以及把心理语言学和认知心理学应用于 SLA 研究等。Williams 是伊利诺伊大学芝加哥分校语言学荣誉教授，专长于第二语言习得研究。Rott 是 Williams 的同事，现任伊利诺伊大学语言学系日耳曼语研究中心主任。这部文集共收录形式－意义联结相关论文 12 篇，均为该领域具有重要影响的经典之作。自 20 世纪 60 年代语素研究开展以来，对形式－意义联结这一话题的讨论备受语言学家的关注，并取得了丰硕的成果。这部文集为读者展示了不同理论取向的二语习得研究者对形式－意义联结所持的不同观点和研究成果，对促进相关研究产生了重要的影响，这在一定程度上反映了当今二语习得主流研究的一个侧面，具有重要的学术价值。

《言语产出与第二语言习得》是英国兰卡斯特大学语言学系教授 Judit Kormos 的重要著作，其研究成果以第二语言学习与习得、第二语言写作和诵读障碍著称。该书共分 9 章。作者首先讨论了认知科学与言语产出的一些基本概念，总结了认知科学与二语习得／产出这一领域的相关研究发现和成果（其中包括词汇、句法和音系编码背后的认知过程和学习者自我监控与交际策略等），最后提出了双语言语产出的融合模式。作者还指出了未来的潜在研究方向和存在问题。总体而言，这是一部极具创新特色的研究著作，对促进认知科学与言语产出的跨学科研究具有重要的指导意义。

《社会语言学与第二语言习得》的作者为 Kimberly L. Geeslin 和 Avizia Yim Long。前者是美国印第安纳大学语言学教授，在第二语言习得和语言学习研究方面建树丰硕，主编有《西班牙语第二语言习得概览》等；后者为美国加州圣何塞州立大学语言学助理教授、SLA 研究专家。这部专著共 10 章，分 3 大主题：（1）社会语言学变异与第二语言习得的若干原则；（2）社会语言学与第二语言习得的研究方法；（3）第二语言中社会语言学能力习得研究的诸多启示。该书在回顾社会语言学基本原则的基础上，概述了用于解释第二语言中社会因素的多种理论路径，详析了社会语言学和第二语言习得跨领域研究的若干问题，探索了社会语境影响第二语言习得的不同范式，对 SLA 的社会因素做出了多元的理论阐释。

作者使用社会语言学的研究方法对传统的认知教学法进行了补充，为 SLA 开辟了一个全新的研究领域。

三

在过去的半个多世纪里，SLA 研究一直是语言学家和语言教育工作者最关注的热点之一。根据笔者近年来对国际著名大学专业排行榜位列前 30 的语言学科（系）设课情况的考察，我们发现，在这些历史悠久的名牌语言学专业，语言学的课程设置从本科直至博士具有很强的连贯性、层级性和系统性，它们大多都将"语言习得"课程列为除语言学专业基础课外最重要的必修课之一。然而，相对而言，我国大陆在 SLA 的研究方面仍显薄弱，亟待加快发展。为了弥补这一不足，我们编辑了此套"第二语言习得名著译丛"，旨在为国内对第二语言习得感兴趣的研究者、语言教师和大学学生提供必要的帮助和理论补充。此套译丛的第一辑共选编了 5 部 SLA 研究领域的经典名著。这些著作不仅有深入的理论探索和详实的案例分析，同时也提供了极其丰富的文献资源。我们希望，这些译著的出版能够引发国内更多语言学者和教师对第二语言习得理论和研究方法的广泛关注和积极探索，进一步促进我国 SLA 研究的深入开展，不断提升第二语言学习和教学的质量，以取得更丰硕的研究成果。

在本系列译丛（第一辑）即将付梓之际，我们首先要感谢东莞理工学院校长马宏伟教授，丛书总策划、东莞理工学院图书馆馆长、文传学院院长田根胜教授的鼎力支持，以及学校学科建设经费的资助。在本丛书的编译过程中，我们还得到了世界图书出版广东有限公司程静编辑的大力支持，以及泰勒弗朗西斯出版集团任晴女士在版权购买方面所提供的帮助与指导，在此一并表示感谢。最后，我们还要衷心感谢暨南大学中文系邵敬敏教授和广东外语外贸大学王初明教授所给出的宝贵意见和建议，感谢各位编委对本丛书的汉译出版给予的大力支持和指导。由于编译者的能力和学识所限，丛书的翻译难免会出现漏译或误译现象，承蒙读者给我们提出宝贵的批评和建议。

宫齐

2022 年 12 月

目　录

图表来源 i

序　言 i

第一章　导言：第二语言习得关键期假说的争议 1

　　支持的声音：关于 L2A 中有时限性成功的个体发生学观点 2

　　反对的声音：合理质疑 CPH–L2A 8

　　关于本书 14

　　参考文献 17

第二章　第二语言浸入的延迟对功能神经系统的影响：双语者的 ERP 及行为证据 22

　　第二语言习得中的年龄浸入与神经子系统 22

　　延迟对处理句法与语义异常的影响 25

　　延迟对开放类词和封闭类词处理的影响 31

　　参考文献 33

第三章　语言规模与关键期的协同进化 37

　　引言：基因—语言协同进化 37

　　前人的研究：结论和未解决的问题 39

　　如何固定语言的规模？ 43

　　新的模拟 45

　　总　结 55

　　致　谢 57

　　参考文献 57

第四章　关键期和第二语言习得：分而治之 59

　　绪　论 59

　　涉及 CP 的神经过程 62

　　非语言学关键期：一些例子 64

关键期与第一语言习得 65
关键期与第二语言习得 69
推测代替结论 79
致　谢 82
参考文献 83

第五章　学习年龄及第二语言言语 92
引　言 92
互动主义视角 94
产生和感知 97
类别形成 106
总　结 111
致　谢 112
参考文献 113

第六章　第二语言发音的最终习得：第二语言高阶学习者的个案研究 118
证　据 120
本章目标 121
结论和探讨 135
致　谢 137
参考文献 137

第七章　令人困惑的年龄：第二语言习得年龄差异的语言及认知因素 142
问题的本质 142
关键期特征 144
但与何相比？ 145
语言学考量 147
认知考量 149
结　论 154
参考文献 155

作者索引 159

主题索引 166

图表来源

图 2.1、2.2、2.3、2.4、2.5、2.6、2.7、2.8 转载自 Christine M. Weber–Fox 和 Helen J. Neville 的论文 "Maturational Constraints on Functional Specializations for Language Processing: ERP and Behavioral Evidence in Bilingual Speakers"，发表于 *Journal of Cognitive Neuroscience* 第 8 卷第 3 期，第 231–256 页，麻省理工学院版权所有，1996 年 5 月出版。经许可重印。

表 6.1 和表 6.3 改编自 Theo Bongaerts, Chantal van Summeren, Brigitte Planken 和 Erik Schils 的论文 "Excellente tweede–taalleerders en uitspraakverwerving,"发表于 *Gramma/TTT* 第 4 卷，1995 年，第 87–102 页，ICG 出版物版权所有。经许可后改编。

表 6.2 转载自 Theo Bongaerts, Chantal van Summeren, Brigitte Planken 和 Erik Schils 的论文 "Age and Ultimate Attainment in the Ponunciation of a Foreign Language"，发表于 *Studies in Second Language Acquisition* 第 19 卷第 4 期，第 447–465 页，剑桥大学出版社版权所有，出版于 1997 年。经许可重印。

表 6.3 改编自 Theo Bongaerts, Chantal van Summeren, Brigitte Planken 和 Erik Schils 的论文"Age and Ultimate Attainment in the Ponunciation of a Foreign Language"，发表于 *Studies in Second Language Acquisition* 第 19 卷第 4 期，第 447–465 页，剑桥大学出版社版权所有，出版于 1997 年。经许可后改编。

注：表 6.3 的版本同时出现在 *Gramma/TTT* 和 *Studies in Second Language Acquisition*。

表 6.4、6.5、6.6 改编自 Marie–José Palmen, Theo Bongaerts 和 Erik Schils 的论文 "L'authenticité de la prononciation dans l'acquisition d'une langue étrangère au-delà de la période critique: des apprenants néerlandais parvenus à un niveau très avancé du français," 发表于 *Acquisition et Interaction en Langue Étrangère,* 1997 年 9 月，第 173–191 页。经许可后改编。

序 言

自 1999 年初以硬装版形式出版以来，《第二语言习得与关键期假说》已经在世界各地的学生和研究人员之间广泛传播。本书第二至第七章中的每一章都被引用了几十次，可以作为衡量本书影响力的指标。根据谷歌学术报告，截至 2013 年 9 月，每章的平均引用次数超过 170 次，而本书已经被引用近 400 次。

在很大程度上，学术界之所以对本书兴趣不断，主要有两个方面的因素。一方面，在围绕第二语言习得关键期假说（Critical Period Hypothesis for second language acquisition，CPH-L2A）的争议中，本书兼顾了争议双方的意见，因此具有代表性。书中有三章支持这一假设，有三章反对这一假设。今天，争议仍在继续，许多学者依然继续争论，同时还有其他新观点加入其中。

另一方面，本书关注的仍然是 CPH-L2A 争议核心的两类证据。一种主要的证据是第二语言习得（second language acquisition，L2A）结束状态下晚期学习者的本族语化与非本族语化的程度和频率。本书第二至第七章都在以各种方法去检验第二语言（second language，L2）最终习得的本族语化程度。

在 CPH-L2A 框架下，L2 中本族语化最终习得的可能性随着习得年龄（age of acquisition，AoA）而降低。这是因为语言习得的机制存在成熟限制性的缺陷。Long（1990）明确指出，CPH-L2A 可以通过一个 L2 晚期学习者全面本族语化（即具备 L2 的所有特征的知识、产出和处理方面的本族语化）的证据来证伪。这种证据，无论是基于行为还是基于大脑，都必须通过仔细检查才能获得。假设 L2 晚期学习者在随意的观察下或在简单的任务要求下被误认为母语者，这样一来证据是不充分的。因此，该假说的证伪将需要"仔细研究" L2 晚期学习者与原住民的所有可想象到的对比因素（Abrahamsson 和 Hyltenstam，2009）。

与此同时，研究人员指出，双语中的两种语言不断相互作用、相互影响。我们无法合理预期单语者在第一语言（first language，L1）或 L2（Ortega，2009，

2013）中的本族语化程度。这是双语的这一自然特征使然，而不是因为以成熟限制为基础的学习缺陷。因此，在两种语言的使用者中，CPH-L2A 有效地与证伪隔绝。从逻辑上更进一步讲，如果极端学习者已经完全"丢失"他们的 L1 并且没有持续接触或使用他们的 L1，可以说不会受到 L1–L2 的相互影响。如果在这一类学习者中观察到本族语化情况，那么公认的以成熟限制为基础的 AoA 效应将受到质疑；相反，他们的非本族语化情况将与 CPH-L2A 一致。迄今为止，这种极端学习者的本族语化证据参差不齐，尤其是在国际收养家庭中（Pallier 等，2003；Hyltenstam 等，2009）。从积极的角度来看，这些学习者和任何其他 L2 学习者之间的本族语化发生概率可能取决于他们的学习动机，如被视为真正的本地人，以及被本地人识别为 L2 学习者的社会心理因素。关于本族语化问题上鲜明对比的观点，请参阅 Abrahamsson 和 Hyltenstam（2009），Birdsong 和 Gertken（2013）。

支持 CPH-L2A 所依据的另一种主要证据与具有几何、时间特征的函数有关。这种证据把 AoA 与语言熟练程度的测量或其他学习成果联系在一起。James R. Hurford 和 Simon Kirby，Lynn Eubank 和 Kevin R. Gregg，James E. Flege，Ellen Bialystok 和 Kenji Hakuta 等人所写的章节（依次分别是第三、四、五、七章）也在这方面展开了讨论。

AoA/L2 熟练程度函数的非线性或斜率变化表明负责 L2 学习的系统的属性或有效性发生了质的变化。如果成熟度对应函数的几何形状，那么斜率偏移应暂时与已知的发育里程碑一致。相反，在缺乏这种特征的情况下（即 AoA 范围内的 L2 熟练程度的下降大致上是线性的），要证明成熟效应就很困难。对这个问题感兴趣的人不妨参考 Hakuta 等（2003）和 Stevens（2005），以及 DeKeyser 等（2010）和 Vanhove（2013）。

为了更全面地了解研究人员在 CPH-L2A 辩论中的观点，读者可以查阅以下具有代表性的学术交流：DeKeyser（2000）和 Bialystok（2002）对其的回应；Marinova-Todd 等（2000），Hyltenstam 和 Abrahamsson（2001）的回应，以及 Marinova-Todd 等随后的回应（2001）。Long（2005）和 Rothman（2008）对证据表达了不同的观点。关于研究本族语化和关键期的几何关系实验研究，以及语言学习能力 [DeKeyser（2000）和 DeKeyser 等（2010）也考虑了这一因素]，请参见 Granea 和 Long（2013）。与年龄相关问题的最新评论还包括 DeKeyser（2013），Muñoz 和 Singleton（2011）。

笔者在 1999 年版的序言中指出："这不是人们第一次接触 CPH-L2A，也不是最后一次。"这种预测的准确性显而易见，因此本书的章节在这 15 年间没有被遗忘的这一事实变得更加重要——笔者敢打赌，它们在 15 年以后也不会被遗忘。因此，《第二语言习得与关键期假说》的持续成功就是对本书撰稿者学术贡献的证明。他们是 Christine M. Weber-Fox，Helen J. Neville，James R. Hurford，Simon Kirby，Lynn Eubank，Kevin R.Gregg，James E.Flege，Theo Bongaerts，Ellen Bialystok，Kenji Hakuta。笔者对他们每个人表示钦佩和感谢。

大卫·伯德桑（David Birdsong）

参考文献

Abrahamsson, N., & Hyltenstam, K. (2009). Age of onset and nativelikeness in a second language: Listener perception versus linguistic scrutiny. *Language Learning*, 59, 249-306.

Bialystok, E. (2002). On the reliability of robustness: A reply to DeKeyser. *Studies in Second Language Acquisition*, 24, 481-488.

Birdsong, D., & Gertken, L. M. (2013). In faint praise of folly: A critical review of native/non-native comparisons, with examples from native and bilingual processing of French complex syntax. *Language, Interaction and Acquisition*.

DeKeyser, R. M. (2000). The robustness of critical period effects in second language acquisition. *Studies in Second Language Acquisition*, 22, 499-533.

DeKeyser, R. M. (2013). Age effects in second language learning: Stepping stones toward better understanding. *Language Learning Issue Supplement*, s1, 52-67.

DeKeyser, R., Alfi-Shabtay, I., & Ravid, D. (2010). Cross-linguistic evidence for the nature of age effects in second language acquisition. *Applied Psycholinguistics*, 31, 413-438.

Granena, G., & Long, M. H. (2013). Age of onset, length of residence, language aptitude, and ultimate L2 attainment in three linguistic domains. *Second Language Research*, 29, 311–343.

Hakuta, K., Bialystok, E., & Wiley, E. (2003). Critical evidence: A test of the critical-period hypothesis for second-language acquisition. *Psychological Science*, 14, 31–38.

Hyltenstam, K., & Abrahamsson, N. (2001). Comments on Stefka H. Marinova-Todd, D. Bradford Marshall, and Catherine E. Snow's "Three misconceptions about age and L2 learning." Age and L2 learning: The hazards of matching practical "implications" with theoretical "facts." *TESOL Quarterly*, 35, 151–170.

Hyltenstam, K., Bylund, E., Abrahamsson, N., & Park, H.-S. (2009). Dominant-language replacement: The case of international adoptees. *Bilingualism: Language and Cognition*, 12, 121–140.

Long, M. (1990). Maturational constraints on language development. *Studies in Second Language Acquisition*, 12, 251–285.

Long, M. (2005). Problems with supposed counter-evidence to the critical period hypothesis. *International Review of Applied Linguistics in Language Teaching*, 43, 287–317.

Marinova-Todd, S. F., Marshall, D. B., & Snow, C. E. (2000). Three misconceptions about age and L2 learning. *TESOL Quarterly*, 34, 9–34.

Marinova-Todd, S. F., Marshall, D. B., & Snow, C. E. (2001). Missing the point: A response to Hyltenstam and Abrahamsson. *TESOL Quarterly*, 35, 171–176.

Muñoz, C., & Singleton, D. (2011). A critical review of age-related research on L2 ultimate attainment. *Language Teaching*, 44, 1–35.

Ortega, L. (2009). *Understanding second language acquisition*. London: Hodder.

Ortega, L. (2013). SLA for the 21st century: Disciplinary progress, transdisciplinary relevance, and the bi-multilingual turn. *Language Learning*, 63, 1–24.

Pallier, C., Dehaene, S., Poline, J.-B., LeBihan, D., Argenti, A.-M., Dupoux, E., & Mehler, J. (2003). Brain imaging of language plasticity in adopted adults: Can a second language replace the first? *Cerebral Cortex*, 13, 155–161.

Rothman, J. (2008). Why all counter-evidence to the critical period hypothesis in second language acquisition is not equal or problematic. *Language and*

Linguistics Compass, 2, 1063−1088.

Stevens, G. (2005). Using census data to test the critical-period hypothesis for second-language acquisition. *Psychological Science*, 16, 341−343.

Vanhove, J. (2013). The critical period hypothesis in second language acquisition: A statistical critique and a reanalysis. *PLoS ONE*, 8 (7): e69172.doi:10.1371/journal.pone.0069172.

第一章　导言：第二语言习得关键期假说的争议

大卫·伯德桑（David Birdsong）
德克萨斯大学

事实上，成年人的第二语言习得（second language acquisition，L2A）与第一语言习得（first language acquisition，L1A）形成鲜明对比。尽管获得充分的语言能力是所有正常儿童与生俱来的权利，成年人的最终习得水平差别很大。很少有人证明他们的语言能力与母语者相当。关键期假说（Critical Period Hypothesis，CPH）给出了 L1A 和 L2A 事实的合理解释。CPH 在其最简洁且理论中立的表述中指出，在一定的发育期里，无论是 L1A 还是 L2A，人们的习得程度都有可能达到正常的母语水平。然而，一旦错过了这一机会之窗，语言学习能力就会下降。与 CPH 一致的是 Genie 的形态学上和句法缺陷，以及大多数成年第二语言（second language，L2）学习者杂乱无章的语言成就。在 13 岁之前，Genie 在很大程度上被剥夺了语言输入和互动的机会（Curtiss，1977）。

本书侧重于 L2A，探讨为何人类可能会经历一个语言学习的关键期。本书还检验了 CPH 作为解释性构想的充分性，即假设与事实的"契合度"。

对于这两个方面，撰稿人介绍了前沿的思想和实验方法。在研究 L2A 关键期的可能原因时，研究人员将 CPH 与近期语言学理论的具体内容保持一致（第四章），辨别早期和晚期学习的语言之间的神经功能差异（第二章），并提出了现代进化思维中所适应的语言学习限制的来源（第三章）。在质疑 CPH–L2A 的解释适用性时，撰稿人带来了新的经验数据和论证，以解决曾经被认为已解决的问题，例如 CPH–L2A 的启发式效用（第五章），在理论上和实际上年龄函数的形成（第七章），以及 L2 发音达到母语水平的可能性（第六章）。

这两种角度中，一种是思考 L2A 关键期起因，另一种是质疑 CPH–L2A 的充分性。这些都代表了当前的知识话语。本书对这两种角度给予同等的关注，旨在平衡 L2A 背景下的学者们对 CPH 的支持与反对声音。

本章作为这些章节的导言去检验关于 CPH–L2A 的一些较为流行的观点，尤其是与年龄相关效应的机制。这是有启发意义的。此外，导言还将本书设定在质疑的氛围中，对被人广为接受的 CPH–L2A 相关观点存疑。

支持的声音：
关于 L2A 中有时限性成功的个体发生学观点

早些时候，"CPH"的概念有一些误导性，因为 CPH 没有单一的概念。[①] 相反地，有各种各样的表述来解释 CPH。而每个表述在语言习得的范围里采取不同的个体发生学策略。然而，通常它们以一个整体概念呈现，因为它们明显以共同的决定论为基础。也就是说，它们假设了非本族语言后期习得的结束状态，并尝试从势必影响所有人类的语言发展因素的角度来解释这种结果。

在本书中，每个章节都至少讨论一个关键期假说，因为它们适用于成年人 L2A。本章简要介绍了研究人员提出的一些机制，以用于这些 CPH 不同表述的述评，并介绍这些章节中未提及的其他表述。这些机制解释了语言学习能力的下降与年龄有潜在的相关性。

脑部神经可塑性丧失

由于大脑功能的渐进性外侧化，以及在布罗卡氏区和整个皮层持续的髓鞘形成，在关键期结束后，语言学习所需的神经基质并不完全可用。这种提法最初由 Penfield 和 Roberts（1959）提出，后来由 Lenneberg（1967：176）推广。他们假设关键期的结束是"与功能侧化相关的组织可塑性状态的终止"。在 L2A 的语境下，不少学者提出了这种思路的变体，如 Long（1990），Patkowski（1980），Pulvermüller 和 Schumann（1994），Scovel（1988）。

Lenneberg（1967）将他的大部分论据指向初级语言习得。然而，他只是简要介绍了 L2A，并指出了学习者的进步之处及他们的缺点。在这里，Lenneberg

---

[①] 同样，目前使用的术语"关键期"也包括弱敏感期表述。后者被认为比前者在关键期偏移方面更具有渐进性，并在最终习得状态上存在更多差异性（Long, 1990）。然而，当前的讨论同样适用于强表述和弱表述，因此本书使用"关键期"这一表述。关于敏感期和关键期的进一步区别，请参阅本书第四章。

从基于大脑的评论转向基于思维的评论,间接提到了由 Chomsky 撰写的书中的一个附录。该附录概述了基于普遍语法(Universal Grammar,UG)的自然语言之间的形式相似性。对于学习 L2 的成年人,Lenneberg(1967:176)援引了这种心理"语言技能矩阵"的存在,以表述(部分)在关键期结束时 L2A 成功的事实:

> 大多数智力中等者能够在第二个 10 年开始后学习 L2……一个人可以在 40 岁时学会用外语进行交流。这并不影响我们关于年龄限制的基本假设,因为我们可以假设语言学习的大脑组织本身发生在童年,并且由于自然语言在许多基本方面彼此相似(见附录 [A]),语言技能的矩阵是存在的。

有关神经发育与 UG 心理表征关系的相关探讨,请参阅本书第四章和 Jacobs(1988)。

丧失(使用)语言学习官能

关键期的结束导致 UG 的丧失,丧失了一种可能由自然语言语法采取固有约束形式的心理官能(mental faculty)。这种观点的一个较弱版本表明,UG 仍然可以反映心理表征,但由于各种原因,语言学习者不能再使用该官能。应当注意的是,因为 L1 语法是 UG 的实例化(参见上一节),人们至少可以合理地解释学习者在 L2A 中的学习进展。

随着关键期的偏移,人们还可能会丧失一些特有的先天性的语言学习策略,其中包括子集原则(Subset Principle)。该原则指导学习者采用与语言输入一致的最保守的语法。这个原则假设了这些认识论的组成部分是语言习得的必要条件;它们的缺失从根本上促使了学习者无法达到本族语化的语言水平。因此,根本差异假说(Fundamental Difference Hypothesis)(Bley-Vroman,1989)将早期 L1A 和晚期 L2A 的不同结束状态归因于 UG 和相关学习原则的丧失或缺乏。

关于 UG 在成年人 L2A 的初始状态和结束状态中的作用原理性探究有多种形式。关于最新的一种形式,参见 Flynn, Martohardjono 和 O'Neil(1997)。一种主要的思路认为,UG 的不变原则不会在成年人 L2A 中丢失。相反,问题在于 L2 参数的获取:"参数值在关键期之后逐渐与年龄重置相抵触。"(Towell 和 Hawkins,1994:126)简单地说,重设参数的困难在于必须"放弃学习"(unlearn),

即放弃具有唯一的基于 L1 设置的参数的表征，并建立一个与 L1 和 L2 兼容的双唯一设置（关于参数重设的详细说明，请参阅本书第四章）。在后面的章节中，本书总结了在联结主义习得模型下的一种截然不同的放弃学习方式。

成熟期处理能力的不良适应性加剧

随着不断的发育，儿童越来越有能力处理语言输入。然而，Newport（1990，1991）认为认知上的不成熟有利于语言学习，而不是认知成熟。幼儿的短期记忆能力使他们最初只能从语言输入中提取几个语素。尽管有短期记忆能力限制，儿童在语言学习方面比成年人更成功。成年人有更强大的记忆能力提取更多的语言输入，但他们随后"面临一个更困难的问题，即一次性分析所有内容"（Newport，1991：126）。这种从小开始（starting small）的好处已经在英语形态的习得模型中得到了证明（Goldowsky 和 Newport，1993）。类似地，Elman（1993）的联结模型以有限记忆为开始，然后经历成熟变化（记忆容量的增量增加）。在此条件下的记忆网络训练成功地处理了复杂的句子。然而，如果起点是完全成形的成人化记忆，那么复杂的句子并没有被这种记忆网络成功处理。

CPH 的这种"少即是多"的表述显然不限于语言习得领域："儿童这些较为有限的能力可能会*在执行任务时（如语言学习）*有优势。这些任务涉及语义成分分析（componential analysis）。"（Newport，1990：24；斜体字是后加的）先天语言学习官能（innate language learning faculty）的丧失也不意味着"语言习得能力保持不变，随着儿童长大到四五岁或以上，这些功能会受到儿童日益成熟的认知能力阻碍"（Meier，1995：613）。在专门针对 L2A 的类似思想脉络中，Felix 的竞争模型（Felix，1985）假定完整的 UG 和高级领域一般性认知（domain-general cognition）共存，并认为两个系统之间的竞争导致后者的胜利。成熟的领域一般性认知被认为不适合狭小模块化的语言习得任务，因此语言习得任务的失败通常与成年人 L2A 相关。Birdsong（1994）和 Bley-Vroman（1989）探讨了 L2A 背景下某些成熟认知机制的不恰当性。

Rosansky（1975）对皮亚杰认知发展模式提出异议，并认为在青春期出现的形式运算（Formal Operations）可能会阻碍语言学习。虽然 Rosansky 的理论构造与纽波特的理论构造不同，但两位研究人员的推理非常相似。Rosansky 的观点如下（1975：96）：

当孩子精神高度集中（即在形式运算阶段之前）时，就会进行初步语言习得。此时他不仅以自我为中心，而且在面对问题时一次只能专注于一个维度。这种缺乏灵活性和注意力难以分散的情况很可能是习得语言的必要条件。

"用后则废"（Use it Then Lose it）

在童年阶段之后，不需要的神经回路及其对应的语言学习官能被"移除"，因为有相关的神经组织产生代谢成本（Pinker，1994）。这种推理，即早期语言学习在生物学上优于晚期学习，植根于现代进化思想。早期语言学习占优势，语言沟通可以使我们在往后的生命阶段中受益。因此，虽然整个成年阶段我们都有语言使用能力，但语言学习官能早已达到其目的，保留这种语言学习能力是不经济的。

我们的物种进化已经考虑到了这种一次性效用。正如 Pinker（1994：294-295）说：

> 语言习得回路一旦被使用了，就不再被需要了。如果保留它会有某种代价，那么就必须移除它。同时，它可能确实产生了成本。从新陈代谢的角度说，大脑就像一头猪。它消耗体内五分之一的氧气和相似量的热量和磷脂。消耗需求大的神经组织在没有用处的时候就可以准备扔进垃圾桶了。

Hurford（1991：193）同样将"用后则废"模式的语言学习官能纳入进化模型中："青春期左右的关键期结束是……一个时间节点。这个时间节点里具有促进学习因素的自然选择压力停止了，因为早期的语言学习已经完成了。也就是说，'灯光'因缺乏保持开启的压力而熄灭。"

Pinker（1994）推测，语言习得的关键期植根于在进化中比较普遍的衰老现象。不公平的是，自然选择偏爱年轻组织，而非衰老组织，并赋予了年轻组织大部分遗传特征。随着年龄的增长，这些遗传特征以不同的速度退化。Pinker 举了一个闪电击中并致一个 40 岁的人死亡的例子。他指出，如果一个身体特征被设计在 40 岁之后才出现，那么这就是一种浪费（1994：296）：

> 基因以牺牲衰老组织为代价来强化年轻组织，以此增加自然选择的机

会。同时，它们会倾向于在进化时间跨度上积累这种机会，无论其身体系统如何，最终都会衰老。因此，语言习得可能与其他生物功能一样。游客和学生在外语上表现出来的笨拙可能是我们在婴儿时期表现出来的语言天赋所付出的代价，正如年龄上的衰老是我们为年轻时的活力四射所付出的代价一样。

"用进废退"（Use it or Lose it）

我们可以采用精神肌肉来比喻——语言学习官能会因长时间缺乏使用而萎缩。显然，青春期后L2A的微弱进展与这一观点相符。此外，从"用进废退"（use or lose）的观点推断，如果我们一直使用语言学习官能，它就不会退化。这种"练习假说"（exercise hypothesis）也可以用来解释为何一些人在早期就开始L2A并且在成年时期仍然还能很好地掌握其他外语。

练习假说在Bever（1981）那里得到了最详细的阐述。根据Bever的观点，为了习得一个特定的语言结构，言语生成（speech production）和言语感知（speech perception）系统应当协同工作。然而，在没有持续语言学习活动的情况下，这两个系统逐渐相互独立（与此同时，感知能力凌驾于生成能力之上），因为日常调解生成和接收的心理语法（psychogrammar）停止了工作。（Bever的心理语法可以视为UG的组合，既是一个习得语言知识的组织者，也是一个在习得特定结构时的生成和接收能力的平衡器。）然而，在持续使用的条件下，心理语法不会停止工作，生成系统和感知系统也不会分离：

> 只要一个人不断学习一种新语言，生成系统和感知系统就永远不会完全独立、相互隔绝。也就是说，持续进行语言习得可以阻止这两个系统的相互独立，从而推迟关键期。（Bever，1981：194）

虽然"用进废退"的表述预测了在继续学习语言的条件下可以避免关键期效应，但"用后则废"似乎意味着在关键期偏移（offset of the critical period）时不可避免地失去语言学习能力。这两个概念在语言学习回路的后期成熟发展也有所不同。Pinker认为，自然选择淘汰了需要消耗且功能陈旧的语言学习机制。Bever（1981：188）则认为，心理语法"在它被使用过后也不会消失，因为它是一个根深蒂固的心理系统"；相反，它四处徘徊，造成巨大的代谢损失——"心理语法对成年人来说不是一种享受，而是一种负担，是十几年的语言学习遗留下来的意外残留物"。

学习抑制学习

在联结主义网络中，学习是一件逐步积累和加强投入—产出关联的事情。关联的强度在功能上是一种概率加权，与系统特定输出的可能性相对应。这种学习有一个不可逆的缺点：正如 Elman 等人（1996：389）所指出的，"在整个学习过程中……网络中的权重变得服从于某个设定……在这种'不可逆转折点'之后，这个学习网络不能再恢复到其原始状态"。

不妨想一下法语中单词词尾音素序列 / 口腔元音 + n/ 的例子。这与名词和形容词中的阴性形式密切相关。在联结主义模式下，一个母语为法语的成年人在这类音素序列与阴性形式同现方面有着高权重。一旦加权变得稳定，就很难响应代表性重组的需求而放弃进行这方面的学习。因此，如果以法语为母语的人在学习外语时遇到单词词尾形式为 / 口腔元音 + n/，那么这个学习者的初始假设是这个词为阴性。尽管系统收到了输出不足的信号，这种功能状态仍将持续存在。

Elman 等人总结了这种情况（1996：70）：

> 所有东西都是平等的，在学习的早期阶段，权重最易于塑造。随着学习的推进，任何特定错误的影响都会下降。……如果联结网络已经学会了一定的功能，偶发的异常学习例子将不会对其造成太大的干扰。但同样地，联结网络纠正错误结论的难度可能越来越大。学习结构已经开始固定了。从发展的角度来看，这种现象有趣的地方在于，它表明学习的能力可能会随着时间的推移而发生变化——不是作为学习机制中任何明显变化的函数，而是作为学习本身的内在结果。

在语言学习的背景下，Marchman（1993）在她的联结模型中发现了关键期效应。当语言信息在神经网络"根深蒂固"时，重组信息的代价就会很"昂贵"，可以说"是语言学习本身的行为限制了系统，以至于系统没办法产生解决语言问题的能力"。（1993：218）

在这个模型下，为了在 L2A 中取得成功，新语言的神经表征在某种意义上必须取代早期学习的语言。也就是说，晚期学习的语言可以与旧语言并存的观点并未在这个模型中得到阐述。然而，众所周知，L2 的增加并不意味着 L1 的减少，除了某种特例外，人们只继续使用少量的 L1（参见本书第五章）。生态有效性问题，如这种模型或任何其他假定通过先前的学习抑制晚期学习的模型，是语句中处理交叉语言（L1–L2）效应的合理出发点。参见 MacWhinney 的竞争模型（Competition Model）（如 Liu、Bates 和 Li，1992；MacWhinney，1987）。该模型检验了 L1 知识可能影响 L2 学习者的心理表征。这种心理表征是关于 L2 句子中组成位置和语义函数之间的关系。一些类似抑制的东西可能就是学习者未能发展新语音范畴的原因：他们不能正确区分 L2 语音和 L1 语音，从而导致外国口音的出现（参见 Flege，1995；本书第五章）。然而，对 L1 中的年龄效应直接应用抑制模型是不合适的——尽管 L1 的晚期学习者，如 Chelsea（Curtiss，1989）或 Genie（Curtiss，1977）几乎没有或根本没有语言可以去放弃学习，他们还是无法获得完整的语言能力。

导致非本族语化结果（Nonnativelike Outcomes）的其他因素

在 L2A 的结束状态下，任何学习变量都可能导致非本族语化结果。毫无疑问，外部因素，如目标语言输入的数量和类型的变化，都在最终产出中起决定性作用。同样，人们不能低估心理社会因素带来的压力，特别是学习者 L2 的学习动机和他们对待被外国文化同化的态度。目标语言的使用量影响外国口音的程度。这也许反映了这些心理社会因素共同作用带来的影响（Flege，Frieda 和 Nozawa，1997），语音训练也是如此（见本书第六章）。因此，CPH–L2A 不应被视为非本族语化产出的唯一解释。关于可能影响 L2A 最终习得的一系列因素的进一步讨论，见 Klein（1995），Bialystok 和 Hakuta（本书第七章），Flege（本书第五章），Birdsong（1998），Bongaerts（本书第六章）。

反对的声音：合理质疑 CPH–L2A

从表面上看，CPH–L2A 是很可信的。我们知道，在人类的成长过程中，越早越好的经验法则适用于任何技能。此外，CPH–L2A 的论据基于一些著名的研究而形成，其中一些研究已在前文谈及，另一些研究将在后文提到。直到最近，L2A 的成功案例还很少构成反证。事实上，CPH–L2A 研究足够扎实。因此，笔者在其他文献中也体现出自己是这一理论的坚定拥护者（Birdsong，1991）。

如果不是几年前笔者进行的一项研究（Birdsong，1992）有了意外发现，笔者仍然还会支持CPH-L2A。[②]两组截然不同的研究结果让笔者暂停了对其的拥护。一方面，在20名成年时开始学习法语的英语本族语者中，15名参与者在具有挑战性的语法判断任务中落入了法语本族语者表现的范畴，其中有几名几乎没有偏离本族语规范。这种本族语化概率在当时的文献中是前所未有的。另一方面，笔者发现任务的表现情况是通过抵达法国的年龄（age of arrival，AOA）来预测的，尽管参与者成年后才搬到了法国。因此，为什么在预设的关键期结束后我们仍然能发现年龄效应？

笔者既然站在拥护方的对立面，若对CPH-L2A辩论作中立的陈述，那将是不诚实的。寻求"支持"一方的读者会发现，在本书中，Eubank和Gregg，Hurford和Kirby，以及Weber-Fox和Neville都能出色地代表这些观点。以下的评论并不意味着详尽无遗，因为本书有些章节比较零散（第五、六、七章），并不全面。相反，笔者将集中讨论之前提及的两类证据——年龄函数的性质和本族语化习得者的数量——它们使笔者重新考虑最初的立场。笔者希望能以此呈现关于CPH-L2A理论还没有完善的一面，从而证明在本书中收录的论文的合理性。

年龄函数

在关于最终习得的L2A研究中[③]，没有一项研究比Johnson和Newport（1989）的研究对关键期效应的贡献更大。Johnson和Newport研究的参与者是46名母语为韩语和汉语的英语学习者。他们都在美国生活了5年或更长时间，但在美国的AOA有所不同。参与者被要求对大概276个英语句子进行语法判断，其中大约一半是语法判断，另一半是非语法判断。这些刺激源在录音带上呈现，参与者通过在答卷上点击"是"或"否"来提供二元可接受性判断。这些刺激源是英语基本表面对照例子，例如：常规动词形态（*Every Friday our neighbor washes her car* 每周五，我们的邻居洗车；*Every Friday our neighbor wash her car* *我们的邻居每周五洗车*），不规则名词形态（*Two mice ran into the house this morning* *今早

[②] 应该指出的是，本研究的目的不是直接测试CPH-L2A，而是看看某些语法领域是否比其他领域更容易受到年龄影响。一些较为边缘的结果却引起笔者持久的关注。

[③] "最终"在这里不被用来表示"本族语化"。最终习得应被理解为与L2A的结束状态或渐近状态同义，无论该状态可能是接近还是远离本族语化状态。

有两只老鼠跑进屋子；*Two mouses ran into the house this morning* 今早有两只老鼠跑进屋子），以及小品词的位置（*The horse jumped over the fence yesterday* 昨天马跳过栅栏；*The horse jumped the fence over yesterday* 昨天马跳过栅栏）。

在 Johnson 和 Newport（1989）的许多研究发现中，也许最显而易见的是年龄函数，即参与者在测试中的分数分布与他们在美国的抵达年龄（age of arrival, AOA）的关系。那些假定与年龄相关机会窗口关闭前抵达美国的参与者，在 AOA 大约 7 岁开始出现测试表现的线性下降。然而，在机会窗口关闭后，在 AOA 大约 17 岁时，测试表现分数的分布基本上是随机的（$r = -0.16$）。该结果表明，成熟后的 AOA 对最终习得没有预测作用。换句话说，L2 渐近线（asymptote）不是由一般年龄效应决定的，而是由在既定的发育跨度内运行的年龄效应决定。神经认知发育因子在发育早期工作，在发育完成时停止。这与关键期思路一致。事实上，Johnson 和 Newport（1989）发现的不对称性，以及 Patkowski（1980）的类似发现，可以直接解释为基于生物学的 L2A 关键期或敏感期的证据（例如，Long，1990；Pulvermüller 和 Schumann，1994）。

Johnson 和 Newport（1989）中的年龄函数证据可以理解为 CPH–L2A 理论大厦的基石。然而，在这项研究之后，多名研究人员在成年后开始学习 L2 的参与者中发现了年龄效应。例如，Birdsong（1992）在一项对母语为英语的法语学习者（AOA 从 11.5 至 28 不等）的研究中发现了 AOA 与语法判断任务表现的相关性为 -0.51（$p = 0.02$）。其他研究人员显示了早期和晚期 AOA 的年龄效应（参见本书第七章）。在包括发音在内的多个方面都发现了迟发和早发 AOA 效应（Oyama，1976；本书第五章）。与 CPH–L2A 的前提相反，AOA 可以预测 L2A 的成功，即使 AOA 晚于假定的成熟效应结束。

紧随着上述这些研究发现，Johnson 和 Newport（1989）的最初结果受到了相当仔细的审查。例如，Bialystok 和 Hakuta（1994）重新分析了来自 Johnson 和 Newport（1989）的数据，发现如果将节点设置为 20 岁而不是 17 岁，两组的评分与年龄有显著相关性。此外，Birdsong 和 Molis（1998）复制了 Johnson 和 Newport（1989）的研究，使用了与原版相同的材料、程序和任务。此时的参与者是 62 名母语为西班牙语者。与 Johnson 和 Newport（1989）形成对照，我们发现 32 例晚期抵达美国的学习者的年龄效应较大（AOA ≥ 17 岁）。年龄与语法性判断任务表现之间的相关性是显著的（$r = -0.69, p < 0.01$）。我们的研究结果进一步表明，在整个生命周期中学习语言是越早越好，早期和晚期抵达美国

者，相关性（$r = -0.77$）同样显著（$p < 0.01$）；同时也考虑到，晚期抵达者的分数围绕回归线比较紧密地聚集在一起，由于 r^2 占方差的将近一半，分数分布与 Johnson 和 Newport 发现的随机性相去甚远。

Pulvermüller 和 Schumann（1994：684）坚持认为："没有明确的证据表明，青春期后，语言学习开始的年龄会影响语法判断评分的平均值或差异。" 目前的结果对这一说法构成了直接和明确的挑战。他们应该足以促使 Pulvermüller 和 Schumann 重新审视他们对语言习得的神经生物学解释："如果能够证实青春期后才开始学习的学习者，其语法熟练程度随着年纪的增长而下降，本研究方案将不得不修改。"（1994：723）

虽然这些最近的研究结果与 CPH–L2A 的预测不一致，但不应解释为暗示成熟因素根本不起作用。Birdsong 和 Molis（1998）指出，在成熟期结束前，AOA 和发育之间不可避免地存在混淆，因为对于早期抵达者来说，年龄效应不能与成熟效应分离。L2A 中经证实的直线年龄函数在寿命期内是由不同因果机制互相作用的产物。也就是说，是发育因素直到成熟期结束，以及与此后非发育因素共同作用的结果，这并非不可想象。④

本族语化达成率（Rate of Nativelikeness Attainment）

成年人 L2A 的成功率估计值（定义为本族语化能力的习得）通常从几乎为零（Bley-Vroman, 1989）到 5%（Selinker, 1972）不等。研究者们已经做了大量关于本族语化达成方面匮乏的研究。Bley-Vroman（1989：44）谈到 L2A 中的"不可避免的失败"：如果有特殊的 L2 学习者，他们是如此罕见，以至于"病态"，堪比早期 L1A 中的失败案例。Bley-Vroman（1989）与 Selinker（1972）一起提出，无论取得什么样的成功，"都可能被视为 L2A 理论事业的外围部分"。

然而，为了确定 CPH–L2A 的充分性，就必须考虑成功率。对于 Long 来说，CPH–L2A 的可证伪性取决于这类证据："最容易证伪（CPH）的方法是，尽管学

---

④ 前面提到了一些候选变量。还应注意，在晚期 AOA 年龄效应中，成熟完成后的神经生理因素不容忽视。例如，髓鞘形成和树突修剪在寿命内发生。然而，正是这些过程可能对 L2A 晚期造成的影响仍然是猜测的焦点。需要考虑的一个方向是，不同的神经基质可能受到老年的不同影响。因此，如果负责处理规则形态的基底神经节区域比负责不规则形态的颞叶和顶叶区域受年龄的影响更少（或更多）（参见 Ullman 等，1997），我们预期在后期 L2 学习者的最终习得中，规则形态和不规则形态之间存在解离。（参见 Flege，Yeni-Komshian 和 Liu，1998；关于其他解离，参见本书第二章和第四章）。

习者在假设的敏感期结束后很长时间才开始接触外语,他们已经明显达到了与本族语类似的熟练程度。"(1990:274)事实上,对 Long 来说,一个这样的学习者就足以反驳 CPH–L2A(1990:255)。

在建议该标准时,几乎没有理由可以怀疑 CPH–L2A 会被证伪。例如,Patkowski(1980)发现,在 34 名晚期学习者中,只有 1 名有本族语化表现。Johnson 和 Newport(1989)没有发现任何结果。此外,在 Coppieters(1987)的研究中,没有一个成年学习者在判断法语句子可接受性方面达到母语学习者的水平。然而,自 1990 年以来,一些研究人员已经证明了他们的晚期学习参与者具有本族语化特征。

例如,Van Wuijtswinkel(1994)对 12 岁以后开始学习英语的荷兰本地人进行了测试。他们的任务是判断约翰逊和纽波特(1989)项目的一个子集的语法,以及英语中的各种其他句法结构。Van Wuijtswinkel 证实,一组 26 名参与者中有 8 人表现得像本族语者,另一组 8 名参与者中有 7 人表现得像本族语者。在一项关于美国手语(American Sign Language,ASL)作为第二语言的研究中,Mayberry(1993)发现,晚期 ASL-L2 学习者(平均习得年龄 =11 岁)与 ASL 本族语者在几项任务上的差异很小,包括对复杂句子的即时回忆和语法判断。White 和 Genesee(1996)研究了蒙特利尔法语本族语者习得英语的问题。45 名参与者在各种评估任务中表现出本族语化,其中有 16 人在 12 岁之后首次接触到大量英语。参与者被要求提出涉及疑问词提取(wh-extraction)的问题,并判断各种疑问词移位(wh-movement)结构的 60 个样本的语法,如"What did the newspaper report the minister had done？报纸报道部长做了什么？"和"*What did you hear the announcement that Ann had received? 你听到安收到的消息是什么？"。研究人员发现,接近本族语表现者(包括 16 名晚期学习者)和本族语者在任何任务上都没有显著差异。

如上所述,Birdsong(1992)研究了 20 名英语本族语者习得法语的情况。这些人在青春期后开始接触法语(年龄范围为 11—28 岁,M = 14.9),在法国居住了至少 3 年,平均到达年龄为 28.5 岁(年龄范围为 19—48 岁)。关于 7 个代表参数变化的法语句法结构的标准语法性判断(例如,*Diane a placé des fleurs dans sa chambre /* Diane a placé dans sa chambre des fleurs* ——"Diane put flowers in her room 戴安娜放了一些花在房间里 / "Diane put in her room flowers 戴安娜放在了房间里一些花")和法语高度特定约束句子(例如,*Le très-connu Marcel*

Proust vient d'arriver /* Le connu romancier vient d'arriver）——"The well-known Marcel Proust just arrived 著名的马赛尔·普鲁斯特刚刚到"/"The known novelist just arrived 著名的小说家刚到"），对比本族语对照组的表现情况，20 名实验参与者中有 6 人（30%）表现良好。

Cranshaw（1997）调查了 20 名讲法语的参与者和 20 名讲汉语的参与者对英语时态特征的习得（他们都在 12 岁之后开始学习英语）。通过各种产出和判断测试，并使用严格的比较标准，3 名（15%）法语本族语者与本族语为英语的对照组没有区别，1 名（5%）汉语本族语者也是如此。Birdsong（1997）研究了在法语不及物结构中的附着词 *se*（例如，*Les nuages se dissipent/* dissipent après l'orage* ——"The clouds dissipate after the storm 暴风雨过后云消散"；*Les doigts bleuissent/* se bleuissent de froid* ——"One's fingers turn blue from the cold 手指冻得发青"）。20 名参加者是英国本地人（平均 AOA = 23；首次接触法语的平均年龄 = 13；在法国居住时间 ≥ 5 年）。*se* 的分布具有高度异质性。因此，人们认为在这种情况下 L2A 不太可能达到本族语水平。从整体上来看，本族语者和学习者有很显著的差别。然而，4 名（20%）非本族语者得分高于本族语者，准确率约为 95%。最后，在 Birdsong 和 Molis（1998）对 Johnson 和 Newport（1989）的重复研究中，32 名较晚到达法国的受试者中有 3 人得分高于 95%，13 人得分在 92% 或以上。⑤

在语音学和音系学领域，Bongaerts 和他的同事（参见本书第六章）在一些实验中表明，荷兰语本族语者在英语和法语中的发音水平与英语本族语者几乎没有区别，尽管他们是在青春期后期才开始学习 L2。Birdsong（1997）研究了上述实验同一批参与者在实现法语辅音联诵（liaison）的约束条件下的习得情况。虽然总的来说该组的错误率为 22.5%（相比之下，本族语对照组的错误率为 0），但 4 名非本族语参与者，或者说约 20% 的非本族语参与者的准确率为 100%。其中有 2 名参与者就是在 SE 实验中表现出本族语水平的 4 名参与者之二。⑥

请注意，在针对 CPH-L2A 提交证伪证据时，成功率应基于相关的学习者群

---

⑤ 其他证明本族语化程度的研究包括 Juffs 和 Harrington（1995），Ioup, Boustagui, El Tigi 和 Moselle（1994），以及 White 和 Juffs（1997）。
⑥ Flege、Munro 和 MacKay（1995）发现，他们晚期的 AOA 参与者中有 6% 表现出母语化水平。然而，没有发现 AOA > 16 的参与者具有本族语化的语音水平。总而言之，这些发现表明，在晚期到达的参与者中，本族语化发音是有可能的，但很少出现，并且年龄效应会持续到假定的成熟期之后。

体。也就是说，为了确定本族语化习得者的比例，我们应该只关注那些外部环境有利于语言习得的学习者，而不是完全没有接触过L2或试图学习外语的学生。（笔者怀疑，许多人长期以来认为L2A的成功率微不足道，都是基于后者得出的结论，而后者人数要比成功人数多得多。⑦）举个例子，在笔者的研究中，习得成功率是基于那些在相当长的时间内沉浸在法语中的研究参与者（在1992年的研究中至少3年，之后的研究中至少5年）的实验数据而得出的。与此同时，当我们试图确定成功率时，我们不应该将研究关注点限制在"最优秀的个案"，也就是说，只限制在那些在实验之前已经过本族语化评估筛选出来的学习者。因此，笔者的研究并不局限在优秀学习者个案。成功率以符合居住要求的参与者为基础（为了与本族语对照组进行有效的比较，其受教育程度和年龄与本族语参与者相似）。

对CPH–L2A进行证伪需要用到多少个本族语化学习者的数据，这是有争议性的。但可以肯定的是，严格的波普尔标准是完全符合证伪条件的。在这个标准里，只要有一个例外，便足以拒绝假设（Long，1990）。在对相关人群的研究中，前面提到的经证实的成功率从5%到25%不等。假设是正态分布，15%的成功率对应于所有高于平均值或高于平均值一个标准差的区域。因此，这些参与者不能仅仅被视为分布中的异常值。例如，世界上大约10%的人是左撇子。因此，认为左撇子是人类中的异类这种观点是愚蠢的。虽然对于一些观察者来说，L2A的成功率为10%或15%，可能不足以构成对CPH–L2A证伪的充分证据，但显而易见的是，不能将本族语化学习者视为"边缘个案"。

关于本书

在介绍了本书的背景知识后，现在我们来分别预览各章内容。

本书有3个章节代表CPH–L2A争议中的支持立场。Weber-Fox和Neville（本书第二章）研究了双语者的事件相关脑电位（Event-Related Brain Potentials，ERP）——它可以测量大脑各个区域的脑电活动。一系列实验揭示，晚期学习的双语者比早期学习的双语者在处理语言上要更慢，晚期学习者的语言相关神经系统在位点和功能上与早期学习者不同。此外，语言的语法方面的处理（如封闭类

---

⑦ 为了了解相关群体的数量，让我们将L2输入与L1输入进行粗略比较，以此角度来解释"获得成功的公平机会"。据估计，一个儿童在5岁前有9100个小时接受L1输入。把这个数字乘以每小时对一个孩子说话的平均数量（670），我们得出的数值超过了600万（Birdsong，1998）。如果相关的L2A群体是那些接受如此大规模输入的学习者，那么他们将构成"L2学习者"小宇宙。同样的，在这样一个群体中，本族语化达成度将是显著的。

词和句法异常）与语义方面的处理（如开放类词和语义反常）不同。语言学习开始的延迟对这两个处理子系统的影响是不同的。这表明了不同敏感期的运作（Seliger，1978）。Weber-Fox 和 Neville 也回顾了神经成像技术在双语和 L2A 中的其他应用，强调了语言能力的特定领域——在这些领域中可以发现晚期双语者和早期双语者之间的差异。这些差异被认为与 CPH 中的 Lenneberg 型概念一致。

　　Hurford 和 Kirby（本书第三章）从进化的角度考虑了语言学习能力受限的两个组成部分。首先是语言规模，即既定语言的所有复杂性的总和。鉴于我们的习得速度，在青春期之前可以习得的语言规模是有上限的（生物选择倾向于在性成熟开始之前达到最大语言规模）。然而，抑制晚期学习的并不是后天习得语言的壁垒（参见 Marchman，1993）。相反，达到最大语言规模的同时，第二个组成部分——获取新语言知识的官能也在衰退。就像 Elman 和 Newport 一样（见前面的章节），Hurford 和 Kirby 认为，从最初有限的语言处理能力的意义上来说，这个官能是通过从小开始来优化的。随着处理能力的提升，这种优势就丧失了。对于正常人来说，当他们失去了学习语言的能力时，他们的语言能力就达到了上限。因此，由于这两个发展里程碑的巧合，语言规模被认为可以预测关键期的偏移，但显然语言规模不是造成偏移的原因。在 L2A 的语境中，如果两种语言充分相似，可以利用 L1 的知识来促进 L2 的学习。然而，由于成年人的语言处理资源不再适合这项任务，L2A 的成功将是有限的。

　　Eubank 和 Gregg 这一章（本书第四章）涉猎广泛。首先，作者明确了可塑性的概念（因为它与关键期有关），详细描述了输入、神经生理学、神经化学在长期增强和长期抑制过程中的相互作用。在这一章结束前，作者对不同神经功能机制进行概述，并指出这些机制的可塑性下降可能与语言学习关键期有关。其次，作者引用了其他动物物种的几个关键期（它们的领域特异性可以与人类语言习得关键期相比较）。他们继续检验 L1A 中关键期的证据，并将其与 L2A 中 CPH 的个案进行对比。作者从现代语言理论的角度进行了讨论，完善了语言、模块化和 UG 的概念，强调了在讨论 CPH 时需要精确地使用这些术语。他们回顾了一些相关的 L2A 研究，发现这些研究仅为 UG 于关键期后在 L2A 中的作用提供了模棱两可的证据。然而，他们认为 Weber-Fox 和 Neville 的研究很有前景，因为它旨在准确识别语言的哪些方面可能受到关键期的影响。最后，作者推测了为什么可能存在一个或多个关键期。

　　至于 CPH-L2A 争议中的反对立场，本书同样有 3 个章节来阐述。Flege 对

CPH 感兴趣，因为它与 L2 发音有关。他首先指出 L2 发音准确度随着年龄的增长而线性下降（参见本书第七章）；同时，L2 发音没有显示出 Patkowski（1990）和其他人认为与关键期结束有关所具有的典型不连续性。在检验了 CPH 的几个变体的充分性之后，Flege 提出，非本族语口音（nonnativelike accents）不是由于发音能力的丧失而造成的，而是 L2 学习开始时 L1 语音—音系系统的发展状态的间接结果。这一结论得到了 L1 发音与 L2 发音的负相关性，以及 L1 使用与 L2 发音的负相关性的支持。他接着引用了一些证据。这些证据削弱了 Bever（1981）提出的 CPH 观点——CPH 主要取决于成年人产出能力和感知能力之间同构性缺失的假设。对于 Flege 来说，CPH 并没有充分描述到 L2 语音晚期学习的困难，而是与他的语音学习模型更加一致。这种观点认为，导致非本族语发音是因为学习者在建立新的、独特的 L2 语音表征方面越来越困难。当学习者认为一个给定的目标语音段与 LI 语音储备中的一个语音段高度相似时，这种困难就会加剧。

同样，Bongaerts（本书第六章）也研究了 L2 发音的领域。在各种语言领域中，L2 发音被认为最容易受到关键期影响（Long，1990；Scovel，1988）。Bongaerts 报告了 3 个实验的结果，提出了不确定的证据，即晚期学习者能够习得本族语化的口音。前两项研究涉及本族语为荷兰语的成年人学习英语的情况。以英语为本族语的对照组和两组荷兰参与者被要求大声朗读一组英语句子。这些句子中含有与荷兰语发音相似或不同的音素。他们的发音由一组评委根据其本族语化程度打分。在各种不同的分析和严格的比较标准下，两项研究中相当大比例的晚期学习者被判断为具有本族语化的英语发音。第三项研究测试了荷兰本地人在晚期习得法语的情况。之所以选择这种目标语言，是因为它与英语和荷兰语不同（它不是一种日耳曼语言），并且在荷兰广播中比英语更不常见。在一系列的测试表现中，再次采用了严格的本族语化标准，在 9 名高度熟练的法语晚期学习者中，有 3 人被认为与本族语者没有区别。

Bialystok 和 Hakuta（本书第七章）承认，越早学习 L2A 越好，却也指出从中推断年龄和习得之间的因果关系是具有误导性的。相反，Bialystok 和 Hakuta 将年龄作为研究设计中的中间变量：如果它在实验中被控制或部分从回归方程中推导出来，那么人们会发现语言因素和认知因素发挥了作用。语言变量体现在母语迁移（native-language transfer）中。如果随着时间的推移，语言习得机制发生变化，那么从 L1 到 L2 的迁移也应发生变化：在学习早期，应该是比较抽象的 UG 约束（UG constraints）发生了迁移；而晚期学习应该是以更多 L1 具体表面特征的迁移为特征。然而，有相关文献的综述表明情况并非如此。关于认知因素，

Bialystok 和 Hakuta 认为识字人群与非识字人群在最终习得上存在差异。这一点，以及作者所论证的作为教育水平函数的熟练程度差异，都不能仅仅通过对 L2A 的成熟描述来获得。Bialystok 和 Hakuta 还主张，随着年龄的增长，一般认知能力的下降是渐进和线性的。这与关于 L2A 的研究数据（包括作者对美国移民进行的大规模调查报告）更吻合，而不是作为一个关键期类型的函数。可以说，关键期函数应该表现出某种形式的不连续性。

这些章节中的每一章，无论是支持 CPH–L2A 还是反对 CPH–L2A，都说明了研究者们对关键期研究的丰富性、深度、广度。他们共同证明了 CPH 在 L2A 研究中毫无疑问的中心地位。

参考文献

Bever, T. G.(1981).Normal acquisition processes explain the critical period for language learning. In K. C. Diller (Ed.), *Individual differences and universals in language learning aptitude* (pp.176–198). Rowley, MA: Newbury House.

Bialystok, E,& Hakuta,K.(1994). *In other words: The science and psychology of second-language acquisition.* New York:Basic Books.

Birdsong, D.(1991).On the notion of "critical period" in UG/L2 theory: A response to Flynn & Manuel. In L.Eubank(Ed.), *Point counterpoint: Universal Grammar in the second language*(pp.147–165),Amsterdam: John Benjamins.

Birdsong,D.(1992). Ultimate attainment in second language acquisition. *Language,* 68, 706–755.

Birdsong, D.(1994).Decision making in second language acquisition. *Studies in Second Language Acquisition*, 16,169–182.

Birdsong, D.(1997, November). *Intransitivity and SE in French: Aspects of late L2 learnability.* Paper presented at the Boston University Child Language Development Conference.

Birdsong, D.(1998).*The end state in second language acquisition.* Unpublished manuscript, University of Texas.

Birdsong, D.,& Molis, M、(1998).*Age and maturation in L2A:A replication of Johnson & Newport(1989).* Unpublished manuscript, University of Texas.

Bley-Vroman, R.(1989). What is the logical problem of foreign language learning?

In S. Gass & J. Schachter(Eds.), *Linguistic perspectives on second langunge acquisition* (pp.41-68). Cambridge: Cambridge University Press.

Coppieters, R.(1987). Competence differences between native and near-native speakers.*Language*,63,544-573.

Cranshaw,A.(1997).*A study of Anglophone native and near-native linguistic and metalinguistic performance*. Unpublished doctoral dissertation, Université de Montreéal.

Curtiss,S.R.(1977).*Genie: A linguistic study of a modern day "wild child."* New York: Academic Press.

Curtiss, S.(1989). *The case of Chelsen: A new test case of the critical period for language acquisition*. Unpublished manuscript, University of California, Los Angeles.

Elman,J.L.(1993).Learning and development in neural networks; The importance of starting small. *Cognition*, 48, 71-99.

Elman,J.L.,Bates, E.A.,Johnson, M.H., Karmiloff-Smith, A., Parisi D.,& Plunkett, K.(1996).*Rethinking innateness: A connectionist perspective on development*. Cambridge, MA: MIT Press.

Felix, S.(1985). More evidence on competing cognitive systems. *Second Language Research*,1,47-72.

Flege,J.E.(1995).Second-language speech learning: Theory, findings, and problems. In W. Strange(Ed.), *Speech perception and linguistic experience: Theoretical and methodological issues* (pp.233-273). Timorium, MD:York Press.

Flege, J.E., Frieda, A. M,& Nozawa, T.(1997).Amount of native language(L1)use affects the pronunciation of an L2. *Journal of Phonetics*, 25,169-186.

Flege,J.E., Munro, M. J.& MacKay,I(1995).Factors affecting degree of perceived foreign accent in a second language. *Journal of the Acoustical Society of Amrerica*,97,3125-3134.

Flege, J.E.,Yeni-Komshian, G., & Liu, H.(1998).*Age constraints on Koreans' acquisition of English phonology and morphosyntax*. Unpublished manuscript, University of Alabama at Birmingham.

Flynn, S.,Martohardjono,G.,& ONeil, W.,Eds.(1997). *The generative study of second language acquisition*. Mahwah, NJ: Lawrence Erlbaum Associates.

Goldowsky,B. N,& Newport,E.L.(1993)Modeling the effects of processing limitations on the acquisition of morphology: The less is more hypothesis. In E. Clark(Ed.), *The proceedings of the 24th Annual Child Language Research Forum*(pp. 124-138). Stanford, CA: Center for the Study of Language and Information.

Hurford, J.R.(1991).The evolution of the critical period for language acquisition. *Cognition*, 40, 159-201.

Ioup,G.,Boustagui,E.,El Tigi, M.,& Moselle,M.(1994).Reexamining the critical period hypothesis; A case study of successful adult SLA in a naturalistic environment. *Studies in Second Language Acquisition*,16, 73-98.

Jacobs,B.(1988). Neurobiological differentiation of primary and secondary language acquisition. Studies in Second Language Acquisition, 10, 303-337.

Johnson, J.S.,& Newport,E.L.(1989).Critical period effects in second language learning: The influence of maturational state on the acquisition of English as a second language. *Cognitive Psychology*, 21,60-99.

Juffs, A.,& Harrington, M.(1995).Parsing effects in second language sentence processing: Subject and object asymmetries in wh-extraction. *Studies in Second Language Acquisition*,17,483-516.

Klein, W.(1995).Language acquisition at different ages. In D. Magnusson (Ed.), *the lifespan development of individuals: Behavioral, neurobiological, and psychosocial perspective*s. A synthesis (pp.244-264). Cambridge, England: Cambridge University Press.

Lenneberg, E.H.(1967). *Biological foundations of language*. New York: Wiley.

Liu, H, Bates, E.,& Li, P.(1992), Sentence interpretation in bilingual speakers of English and Chinese. *Applied Psycholinguistics*,13, 451-484.

Long, M.H.(1990). Maturational constraints on language development. *Studies in Second Language Acquisition*, 12, 251-285.

MacWhinney, B.(1987). Applying the Competition Model to bilingualism. *Applied Psycholinguistics*, 8,415-431.

Marchman, V, A.(1993).Constraints on plasticity in a connectionist model of the

English past tense. *Journal of Cognitive Neuroscience,* 5,215–234.

Mayberry,R.(1993). First–language acquisition after childhood differs from second–language acquisition: The case of American Sign Language. *Journal of Speech and Hearing Research,* 36,1258–1270.

Meier, R. P.(1995).Review of S. Pinker, The language instinct: How the mind creates language. *Language,*71,610–614.

Newport,E.L.(1990). Maturational constraints on language learning. *Cognitive Science,*14, 11–28.

Newport, E. L.(1991).Contrasting conceptions of the critical period for language. In S. Carey & k. Gelman(Eds.), *The epigenesis of mind* (pp.111–130). Hillsdale, NJ:Lawrence Erlbaum Associates.

Oyama, S.(1976). A sensitive period for the acquisition of a nonnative phonological system. *Journal of Psycholinguistic Research,*5, 261– 285.

Patkowski, M.S.(1980). The sensitive period for the acquisition of syntax in a second language. *Language Learning,*30,449–472.

Patkowski, M.S.(1990).Age and accent in a second language: A reply to James Emil Flege. *Applied Linguistics,*11,73–89.

Penfield, W.,& Roberts, L.(1959) *Speech and brain mechanisms.* New York: Atheneum.

Pinker, S.(1994). *The language instinct: How the mind creates language.* New York: Morrow.

Pulvermütler,F.,& Schumann, J.H. (1994). Neurobiological mechanisms of language acquisition. *Language Learning,*44,681–734.

Rosansky,E.(1975).The critical period for the acquisition of language: Some cognitive developmental considerations. *Working Papers on Bilingualism,*6,92–102.

Scovel, T.(1988).*A time to speak: A psycholinguistic inquiry into the critical period for human speech.* Rowley,MA:Newbury House.

Seliger,H. W.(1978). Implications of a multiple critical periods hypothesis for second language learning. In W. C. Ritchie(Ed.), *Second language research: issues and implications*(pp.11–19).New York: Academic Press.

Selinker,L.(1972) Interlanguage. *International Review of Applied Linguistics,* 10,

209–231.

Towell, R.,& Hawkins, R.(1994).*Approaches to Second Language Acquisition.* Clevedon, England: Multilingual Matters.

Ullman, M. T., Corkin, S., Coppola, M.,Hickok, G.Growdon. J.H. Koroshets, W.J., & Pinker, S.(1997).A neural dissociation within language: Evidence that the mental dictionary is part of declarative memory, and that grammatical rules are processed by the procedural system. *Journal of Cognitive Neuroscience*,9,266–276.

Van Wuijtswinkel,K.(1994). *Critical period effects on the acquisition of grammatical competence in a second language.* Unpublished BA thesis, Katholieke Universiteit, Nijmegen, Netherlands.

White, L.,& Genesee, F.(1996).How native is near-native? The issue of ultimate attainment in adult second language acquisition. *Second Language Research*,12. 238–265.

White, L.,& Juffs, A、(1997). Constraints on wh-movement in two different contexts of non-native language acquisition: Competence and processing. In S. Flynn, G.Martohardhono, & W. O'Neil (Eds.). *The generative study of second language acquisition* (pp.111–129). Mahwah, NJ: Lawrence Erlbaum Associates.

第二章　第二语言浸入的延迟对功能神经系统的影响：双语者的 ERP 及行为证据

克里斯汀·M. 韦伯-福克斯（Christine M. Weber-Fox）
普渡大学
海伦·J. 内维尔（Helen J. Neville）
俄勒冈大学

第二语言习得中的年龄浸入与神经子系统

我们的目的是检验这样一个假设：即沉浸在第二语言（second language，L2）中的年龄对参与语言处理的神经子系统有不同的影响。这一假设源于对视觉、听觉、躯体感觉系统的发展和组织的研究。在这些系统中，感觉输入的性质显著影响特定神经生理和行为过程的发展（Freeman 和 Thibos，1973；Kaas，1991；Knudsen，1988；Patkowski，1980；Wiesel 和 Hubel，1963，1965）。此外，系统中的不同功能在开发过程中对输入时间的改变显示出明显的漏洞。例如，在视觉系统中，异常视觉体验的时间对立体视觉、单眼空间分辨率和光谱灵敏度的发展有不同的影响（Harwerth，Smith，Duncan，Crawford 和 von Noorden，1986）。尽管可塑性已被证明是成年哺乳动物大脑中感觉和运动地图的特征（Kaas，1991；Kaas，Merzenich 和 Killackey，1983），许多这种依赖经验的变化只发生在特定的关键期或敏感期。从各种研究中得出的一个普遍原则是，感官体验的改变对许多功能的影响随着成熟而减弱。

Lenneberg（1967）假设，与控制感觉和运动发育相似的成熟过程也可能限制正常语言习得的能力。来自各种行为研究的结果表明，对于初级和中级语言学习，浸入年龄是最终语言熟练程度的最佳预测变量（Johnson 和 Newport，1989；Mayberry 和 Eichen，1991；Newport，1988；Oyama，1982）。此外，人们发现语言的某些方面受到延迟的影响更为深远，如语言的语法功能。其他方面，如词汇，相对来说不受语言浸入延迟的影响。最近一项利用功能性磁共振成像（functional magnetic resonance imaging，fMRI）的研究的证据提出了一种假设，即与第一语言（first language，L1）和 L2 相关的不同皮层区域可能会因受到语言沉浸延迟而产生不同影响（Kim，Relkin，Lee 和 Hirsch，1997）。FMRI 的发现表明，在前语言区，L1 和 L2 功能的某些方面的皮层位置在 L2 晚期学习者中并不重叠。相比之下，早期 L2 学习者的功能磁共振成像结果表明，他们的本族语和 L2 在这些区域的共同皮层区域中体现出来。行为学和 fMRI 的发现表明，语言功能和神经表征的不同方面表现出不同的影响归因于 L2 浸入延迟的差异。我们假设，专门用于语义和语法处理的相关功能性大脑子系统受到 L2 浸入延迟的不同影响。

我们利用双语模型使用行为—电生理学相结合的方法研究了这一假设。一大批中英双语者接受了该测试。根据这些参与者浸入英语的年龄，他们被分为几组：1—3 岁、4—6 岁、7—10 岁、11—13 岁，以及 16 岁以上（Weber Fox 和 Neville，1994，1996，1998）。所有参与者都至少已经浸入英语 5 年。此外，应该注意的是，11—13 岁和 16 岁以上的参与者有相似的英语学习经验。我们通过对英语水平自我评估和英语语法知识标准化测试来帮助确定这些参与者的语言知识。相关结果如图 2.1、图 2.2、图 2.3、图 2.4 所示。

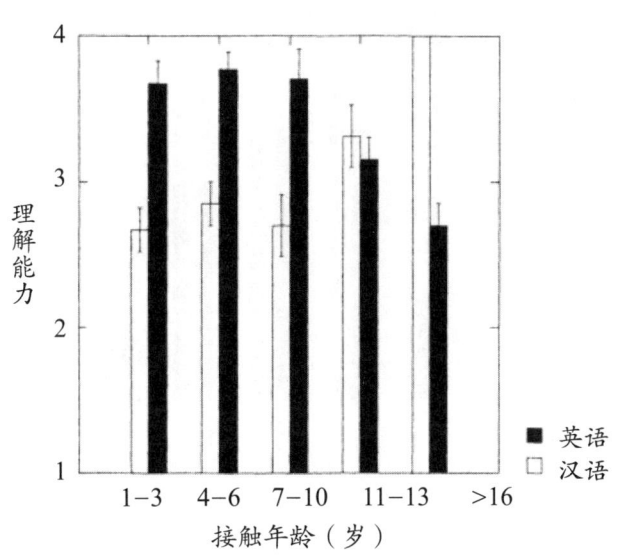

图 2.1　英语水平（理解能力）自我评估

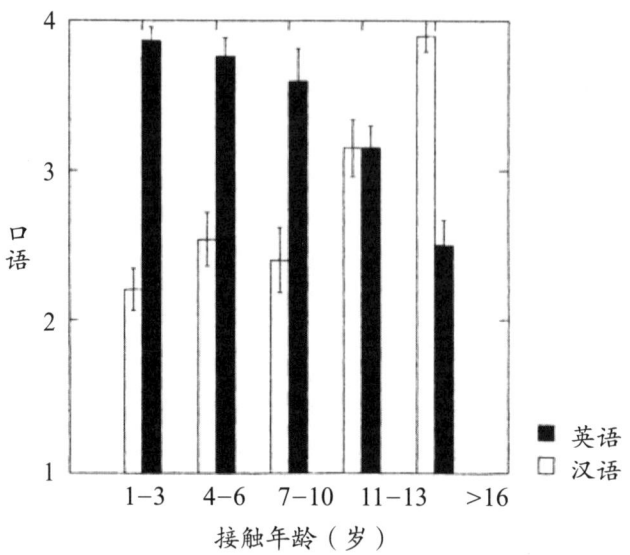

图 2.2　英语水平（口语）自我评估

图 2.1 和图 2.2 显示了汉语（白色柱）和英语（黑色柱）的理解能力和口语的自评水平。分数根据接触英语的年龄分组。使用的能力等级：1= 合格；2 = 良好；3= 优秀；4= 极好。（摘自 Weber Fox 和 Neville，1996）

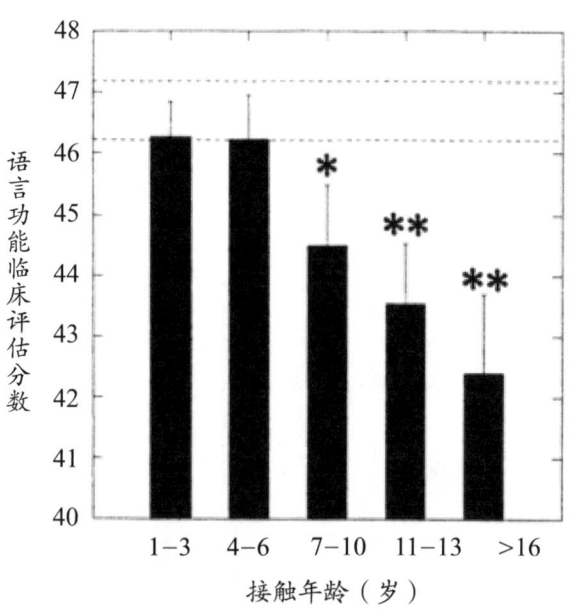

图 2.3　英语语法知识标准化测试：语言功能临床评估

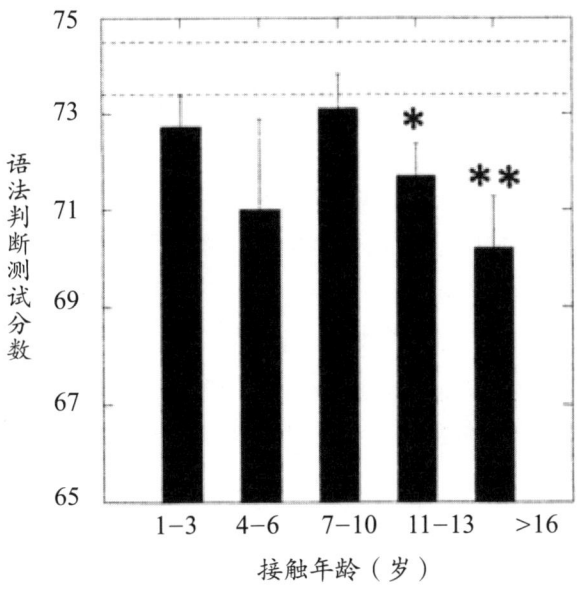

图 2.4 英语语法知识标准化测试：语法判断

图 2.3、图 2.4 标准化测试的语言表现：语言功能临床评估（Clinical Evaluation of Language Function，CELF，即单词和句子结构子测试），语法判断测试（Saffran 和 Schwartz Grammaticality Judgment Test，SSG）。分数根据接触英语的年龄分组。（摘自 Weber Fox 和 Neville，1996）

必须说明：在图 2.3、图 2.4 中，双虚线表示单语的表现（平均分数 +/- 标准误差）。双语者与单语者的分数差异用星号表示（**p<0.01；*p<0.05）。

与先前的行为研究（Johnson 和 Newport，1989；Newport，1988）一致，图 2.1、图 2.2、图 2.3、图 2.4 所显示的结果表明，L2 的浸入年龄是预测语言能力的重要变量。

延迟对处理句法与语义异常的影响

允许在语义和句法处理之间进行仔细比较的语言刺激在以前是为英语单语者的事件相关脑电位（Event-Related Brain Potential, ERP）研究而开发的（Neville，Nicol，Bars，Forster 和 Garrett，1991）。随机的句子刺激每次在监视器显示一个单词（每 500 毫秒显示一个单词）。每次测试结束后，参与者都被要求判断这句话是否是"一个好的英语句子"。240 个句子中有一半包含了语义预期（semantic expectations）的违反（例如，"The boys heard Joe's orange about Africa 男孩们听到了乔关于非洲的橙色")或 3 种句法规则之一：①短语结构（例如，"The boys heard Joe's about stories Africa 男孩们听到乔关于故事非洲"）；②特异性约束（例如，"What did the boys hear Joe's stories about？男孩们听到了乔什么故事关于？"）；③毗邻约束（subjacency constraint）（例如，"What were stories about heard by the boys？男孩听到了什么故事？"）。其余的句子在语义和句法上有适当的控制。异常句示例中带下画线的单词表示语言偏差点，以及违规句与其控制句之间的 ERP 比较点。

有研究者还研究了 L2 浸入年龄对检测这些刺激句子中句法和语义异常的语法判断准确性的影响（Weber Fox 和 Neville，1996）。与以往的研究一样，浸入年龄和语言判断准确性之间的关系在不同类型的语言建构中并不一致。也就是说，句法熟练度比词汇（或语义）判断准确性受到的影响更大。双语者对句法结构的判断准确率下降，延迟时间仅为 7—10 岁。相比之下，只有 L2 浸入年龄延迟超过 16 岁的双语者，语义处理的判断准确性才会下降。这些结果如图 2.5、图 2.6、图 2.7、图 2.8 所示。

注：在图 2.5、图 2.6、图 2.7、图 2.8 中，双虚线表示单语者的表现（平均分数 +/– 标准误差）。双语者与单语者的分数差异用星号表示（"*p<0.001；**p<0.01；*p<0.05）。

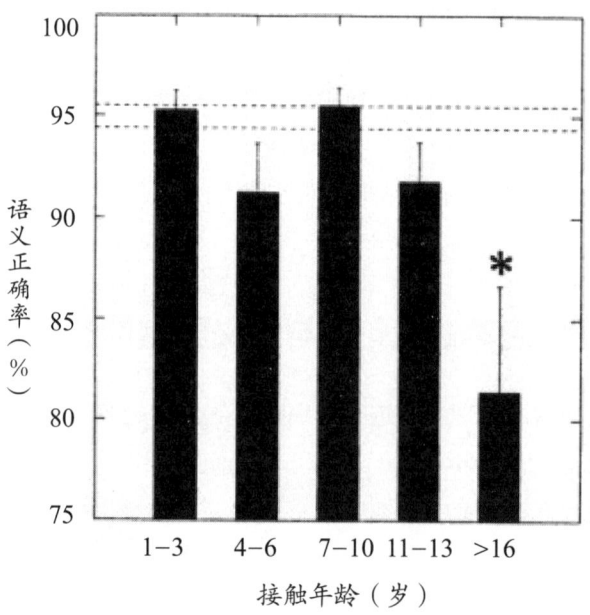

图 2.5　实验句子判断的准确性表现：语义正确率

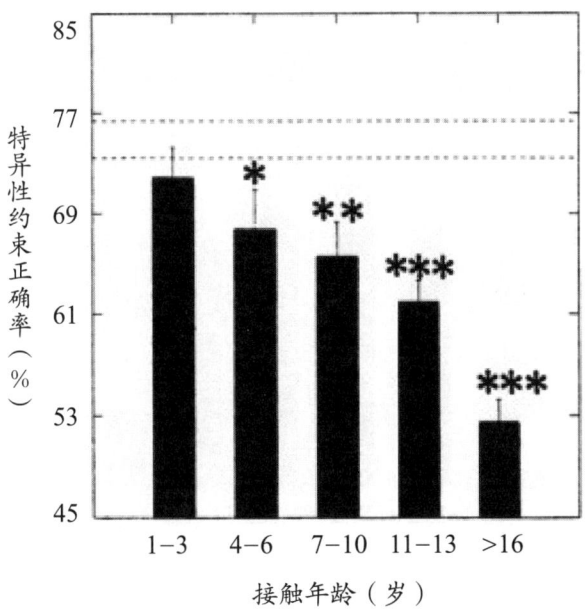

图 2.6　实验句子判断的准确性表现：特异性约束正确率

图 2.5、图 2.6 显示了实验句子判断的准确性表现：语义和特异性约束的正确率。100% 正确率基于最高 60 项正确句子（30 项对照句和 30 项违反句）。分数根据接触英语的年龄分组。（摘自 Weber Fox 和 Neville，1996）

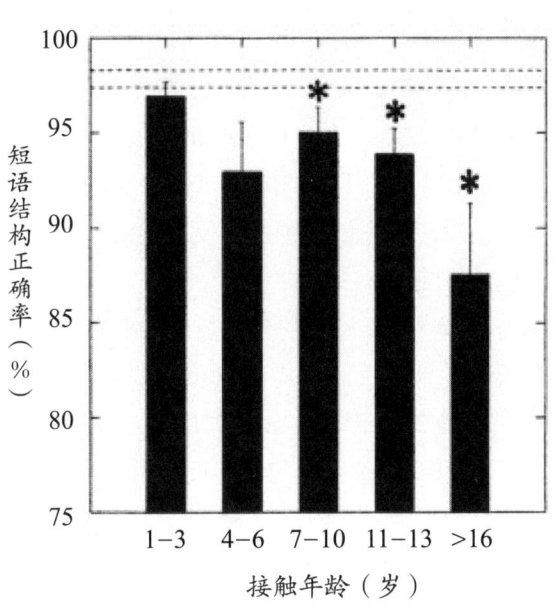

图 2.7　实验句子判断的准确性：短语结构正确率

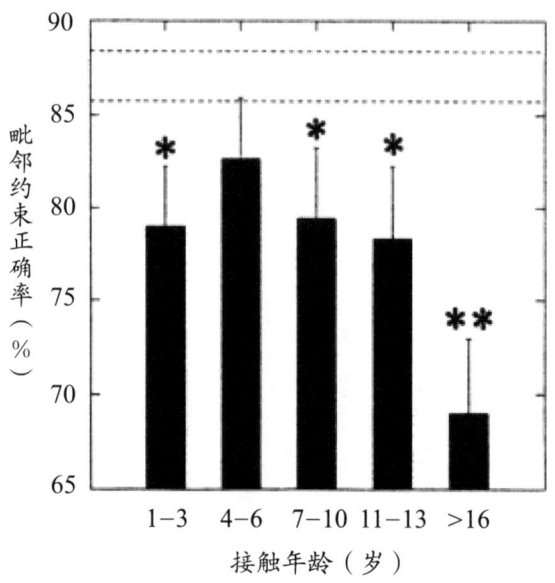

图 2.8 实验句子判断的准确性：毗邻约束正确率

图 2.7 和图 2.8 显示了实验句子判断的准确性表现：短语结构和毗邻约束的正确率。100% 正确率基于最高 60 项正确句子（30 项对照句和 30 项违反句）。分数根据接触英语的年龄分组。（摘自 Weber Fox 和 Neville，1996）

现在来看另一个证据来源：单语英语使用者的电生理学研究结果表明，语义违反引发的 ERP 在时间和分布上与句法违反引发的 ERP 不同。此外，不同类型的句法处理（如短语结构与特异性约束）与不同的神经子系统相关（Neville 等，1991）。

图 2.9 显示了单语者和双语者左、右顶叶部位的平均 ERP 波形；图 2.10 与前颞叶部位相关。实线表示对控制词的响应，负性向上。虚线表示对违反的反应。在图 2.9 中，虚线表示的反应是由语义预期违反引起的；在图 2.10 中，虚线表示的反应是由短语结构违反引起的。

与其他证据一样，ERP 对 L2 浸入的延迟表现出不同的漏洞。L2 体验时间的改变不影响 N400 对语义预期违反的反应幅度和分布（图 2.9）。然而，N400 的潜伏期（latency）更长（约 20 毫秒），浸入时间延迟超过 11 岁。这表明处理速度略有放缓。相比之下，ERP 对每一个句法违反的反应都显示出反应幅度和分布的变化。同时，ERP 成分的实际存在与 L2 浸入年龄的增长有关。例如，对于短语结构违反，刺激后 300—500 毫秒的负性增长的分布显示，随着 L2 浸入时长的增加，双侧分布增加。也就是说，随着英语浸入时间的延迟，不对称性减弱，左右半球的负性增加。短语结构违反的 ERP 结果如图 2.10 所示。

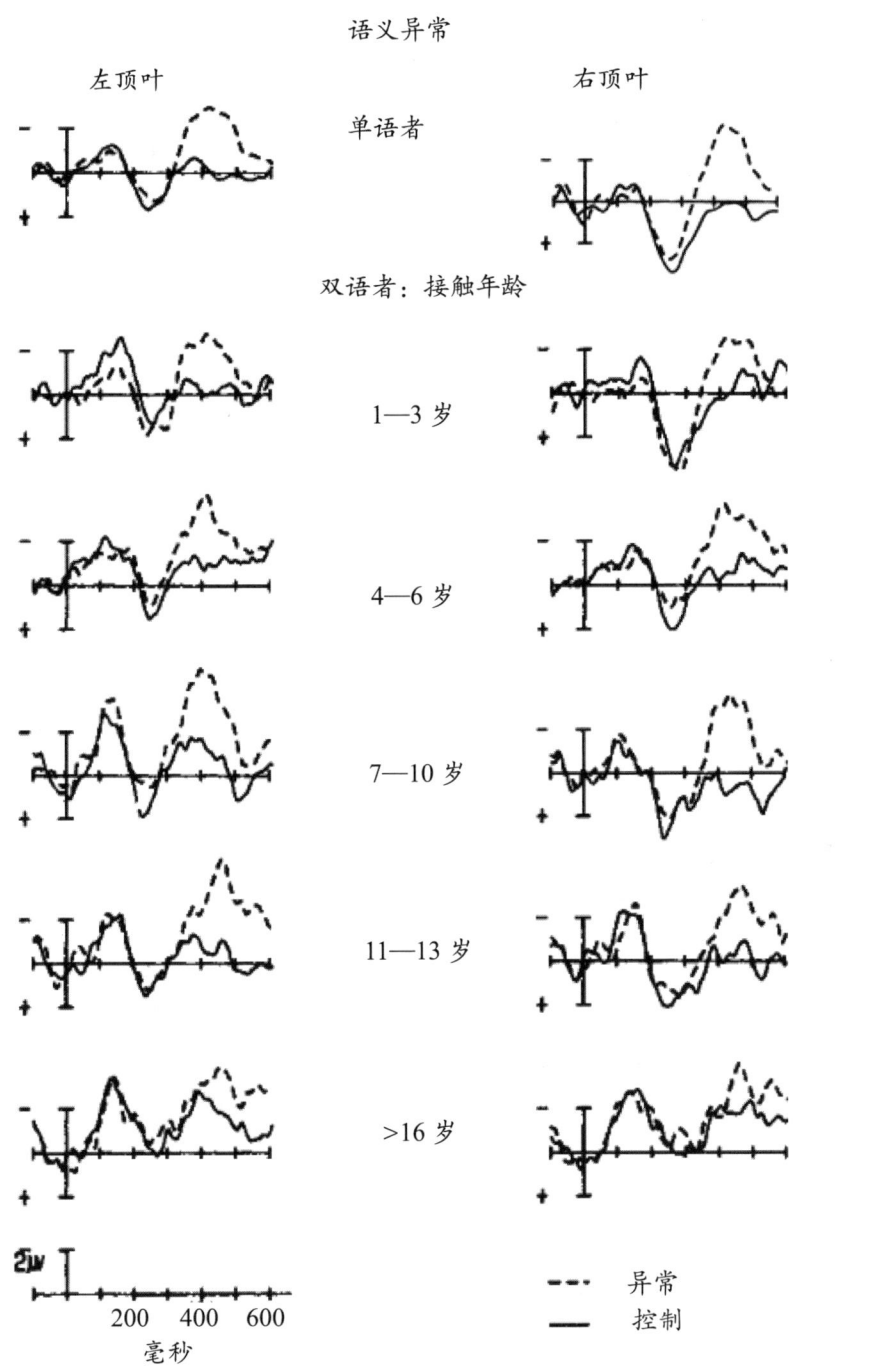

图 2.9 平均 ERP 波形图（语义预期违反）

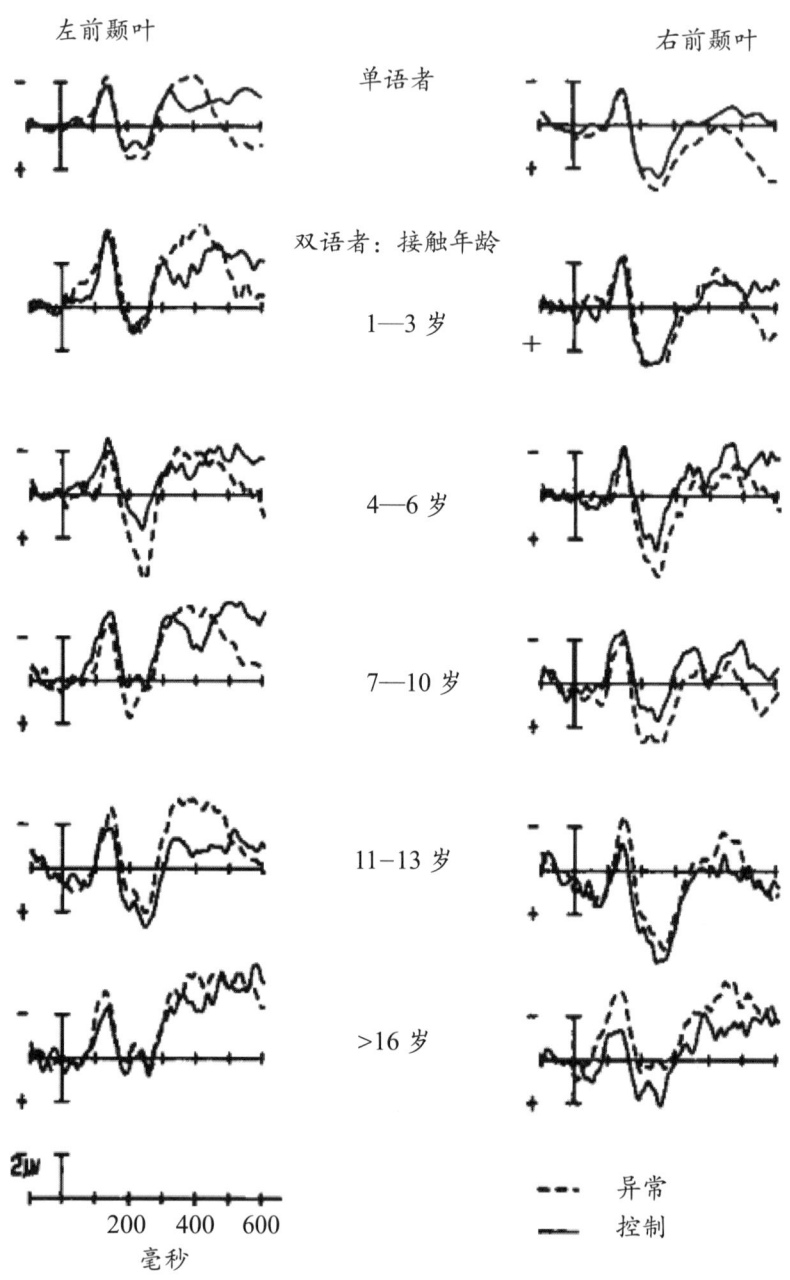

图 2.10 平均 ERP 波形图（短语结构预期违反）

如 Osterhout 和 Holcomb（1992，1996）所述，短语结构违反还引发了句法正漂移（syntactic positive shift，SPS），其潜伏期范围为刺激后 500—700 毫秒。

SPS 被认为是索引恢复或"拼凑"句法异常句子的尝试（Canseco 等，1997）。在单语者（Neville 等，1991）和 11 岁前浸入在 L2 中的双语者（Weber Fox 和 Neville，1996）的 ERP 中观察到 SPS。短语结构差异 ERP 的平均振幅在 500—700 毫秒（通过从短语结构违反引起的波形中减去对照句的波形来计算）。这表明 11 岁后浸入英语中的双语者，在这个潜伏期范围内不存在 SPS（图 2.7）。对后期潜伏期窗口（700—900 毫秒）的分析表明，11—13 岁双语者在该后期窗口中确实出现了 SPS。然而，在 L2 学习延迟最长的双语者的 ERP 中，SPS 仍然不明显。因此，尽管在最迟学习双语的小组成员在英语方面有着相似的经验，他们在试图恢复句子时似乎要慢得多，或者可能在解释句法异常时使用了不同的策略。

综上所述，每个双语者语义处理的 N400 指数在幅度和分布上相对稳定。然而，在 11 岁后浸入英语中的双语者中发现了潜伏期漂移（latency shift）（约 20 毫秒）。这表明处理过程略有放缓。相反，我们的研究结果表明，在语言的句法（语法）方面，ERP 的实际存在和分布可能会因 L2 浸入的延迟而改变。这些结果表明，在处理句法异常方面，晚期学习双语者的 ERP 与大脑左半球特化（specialization）程度降低相关，也与大脑右半球参与程度增加有关。在某些情况下，这可能反映出他们对句法异常的处理速度比较慢。而总体上来说，这可能揭示了后期英语学习者在解释或纠正违反英语语法或句法的行为时可能使用的策略的差异。

延迟对开放类词和封闭类词处理的影响

在第二个 ERP 实验中，分别记录和平均了在句子阅读中出现的正确单词类型的脑电图（electroencephalo-graph，EEG）（Weber-Fox 和 Neville，1994，1998）。单词类型为开放类词和封闭类词。开放类词，如名词、动词和形容词，传递指称意义。它们依赖于词汇知识，主要与句子的语义内容有关。相比之下，封闭类词，如冠词、连词和限定词，主要在句子中提供结构或语法信息。基于行为证据和之前给出的 ERP 结果，我们假设，假定中协调这两种不同词类处理的神经子系统可能受到 L2 浸入延迟的不同影响。

在拥有正常听力能力的成年人中，对开放类词的 ERP 反应特征是在单词开始后 350 毫秒达到负峰值（Neville，Mills 和 Lawson，1992）。该成分的分布是双侧的，在后部区域最大。相比之下，由封闭类单词引发的 ERP 的特征是出现较早的负峰值（在单词开始后 280 毫秒），并且在大脑左半球的前颞区域上呈偏侧化。对聋人和儿童的研究进一步证明了神经子系统在处理开放类词和封闭类词时的区别（Neville，1994；Neville，Coffey，Holcomb 和 Tallal，1993；Nevile 等，1992）。这些研究进一步表明，与语法处理相关的神经子系统组织可能更容易受到早期语言经验变化的影响；开放类词引发的 N350 在聋人和听力正常的成年人中非常相似；而 N280 成分在较晚学习英语且有缺陷的聋人中缺失或很少（Neville 等，1992）。与用于语义处理的 ERP 相比，儿童的语法子系统显示出更长的发展时间进程（Neville，1994）。研究还发现，与语法处理相关的神经子系统在语言发育障碍中更脆弱（Neville 等，1993）。

我们使用了在对单语使用者研究中使用的相同的语言刺激来验证这样一个假设，即与处理封闭类词（N280）和开放类词（N350）相关的神经子系统会受到 L2 浸入时间的改变而受到不同影响（Weber-Fox 和 Neville，1994，1998）。参与第二组实验的双语者在特征上与前面描述的组别相似。他们是成年中英双语者。我们根据他们浸入在 L2（英语）中的年龄进行分组。

所有双语者的 ERP 结果支持了先前的研究结果，即处理开放类词和封闭类词的神经子系统在时间和分布上是不同的。不管 L2 浸入年龄是何时，开放类词引起的 N350 的振幅、分布和潜伏期在所有双语者中都是相似的。N280 的振幅和分布在所有双语者中也相似。所有双语者在处理封闭类词时表现出相似的左前颞叶负值（left-anterior temporal negativit）（见表 2.1）。然而，L2 浸入时间延迟的增加（仅需 7 年）与 N280 反应峰值潜伏期的增加有关。这表明这些双语者的处理速度变慢了。有关这些发现的详细描述，请参见 Weber-Fox 和 Neville（1998）。

这些处理开放类词和封闭类词的 ERP 新发现与之前的发现一致，即与更多的语义或词汇处理相比，语言处理的语法或句法方面似乎更容易受到语言经验时间变化的影响。这些发现还表明，即使是晚期英语学习者，至少在 L2 的某些方面表现出大脑左半球特化，包括对封闭类词的反应。然而，对句法异常处理的研究结果表明，对于某些类型的语法或句法处理，这种左半球特化可能会减少，而右半球的参与可能会增加。总之，这些发现表明，晚期学习者利用了已改变的神经系统和英语句法处理。详见表 2.1：

表 2.1　封闭类词：215—375 毫秒窗口中的峰值振幅（平均微伏和标准误差）

组别		左颞叶部位	右颞叶部位
单语者		−1.803 (0.47)	−1.054 (0.32)
双语者	1–3 岁	−1.544 (0.54)	−0.913 (0.45)
	4–6 岁	−1.928 (0.57)	−0.986 (0.71)
	7–10 岁	−1.120 (0.53)	−0.050 (0.56)
	11–13 岁	−2.143 (0.45)	−0.925 (0.61)
	>16 岁	−2.503 (0.65)	−1.211 (0.57)

注：测量值显示了单语者和双语者在左右颞叶部位的事件相关脑电位（ERP）。

我们的 ERP 研究结果表明，双语者在处理封闭类词时，左前半球的分布相似（有轻微潜伏期漂移）。因为在本研究中使用的电极数量较多的情况下，ERP 技术的空间分辨率相对较低（16），所以无法确定各组之间 N280 在左前半球的定位是否存在差异。然而，根据最新的 fMRI 和 PET（正电子发射断层扫描）数据（Kim 等，1997；Perani 等，1996）可以假设，对于晚期学习者（>7 岁）来说，可能存在非重叠的皮层区域参与了两种语言的闭类词信息的处理。

总之，来自行为学、电生理学和功能磁共振成像研究（fMRI）的综合证据表明，调节语言不同方面的专门系统对 L2 学习时间的变化敏感性可能是不同的。我们的发现与这样一个假设相一致，即至少一些用于语言处理的神经子系统的发展受到成熟变化的限制，甚至在儿童早期也是如此。此外，我们的研究结果至少在一定程度上与 Lenneberg（1967）最初的假设相一致，即青春期可能是语言学习能力和神经重组能力的一个重要标记点。我们观察到的成熟限制对青春期后学习 L2 的双语者影响最为严重。这些发现有助于我们理解语言功能神经子系统发展的动态，并对语言教育与语言技能康复的设计和时间安排具有启发性意义。

参考文献

Canseco, E., Love, T., Ahrens, K., Walenski, M., Swinney, D., & Neville, H. (1997). Processing of grammatical information in jabberwocky sentences: An ERP study. [Abstract]. *Cognitive Neuroscience Society,* 4.

Freeman, R. D., & Thibos, L. N. (1973). Electrophysiological evidence that abnormal early visual experience can modify the human brain. *Science, 180,* 876−878.

Harwerth, R., Smith, E. Crawford, M., & von Noorden, G. (1986). Multiple sensitive periods in the development of the primate visual system. *Science, 232,* 235−238.

Johnson, J. S., & Newport, E. L. (1989). Critical period effects in second language learning: The influence of maturational state on the acquisition of English as a second language. *Cognitive Psychology, 21,* 60−99.

Kaas, J. H. (1991). Plasticity of sensory and motor maps in adult mammals. *Annual Review of Neuroscience, 14,* 137−167.

Kaas, J. H., Merzenich, M. M., & Killackey, H. P. (1983). The reorganization of somatosensory cortex following peripheral nerve damage in adult and developing mammals. *Annual Review of Neuroscience, 6,* 325−356.

Kim, K. H. S., Relkin, N. R., Lee, K−M., & Hirsch, J. (1997). Distinct cortical areas associated with native and second languages. *Nature,* 388 (10), 171−174.

Knudsen, E. (1988). Sensitive and critical periods in the development of sound localization. In S. S. Easter, Jr., K. F. Baraid, & B. M. Carlson (Eds.), *From message to mind: Directions in developmental neurobiology* (pp. 303−318). Sunderland, MA: Sinauer Associates.

Lenneberg, E. H. (1967). *Biological foundations of language.* New York: Wiley.

Mayberry, R. I., & Eichen, E. B, (1991). The long−lasting advantage of learning sign language in childhood: Another look at the critical period in language acquisition. *Journal of Memory and Language, 30,* 486−512.

Neville, H. J. (1994), Developmental specificity in neurocognitive development in humans. In M. Gazaniga (Ed.), *The cognitive neurosciences,* (pp. 219−231). Cambridge, MA: MIT Press.

Neville, H. J., Coffey, S. A., Holcomb, P. J., & Tallal, P. (1993). The neurobiology of sensory and language processing in language impaired children. *Journal of Cognitive Neuroscience, 5,* 235−253.

Neville, H. J., Mills, D. L., & Lawson, D. S. (1992). Fractionating language:

Different neural subsystems with different sensitive periods. *Cerebral Cortex, 2*, 244–258.

Neville, H. J., Nicol, J. L., Barss, A., Forster, K. I., & Garrett, M. F. (1991). Syntactically based sentence processing classes: Evidence from event-related brain potentials. *Journal of Cognitive Neuroscience, 3*, 151–165.

Newport, E. L. (1988). Constraints on learning and their role in language acquisition: Studies of the acquisition of American Sign Language. *Language Sciences, 10,* 147–172.

Osterhout, L., & Holcomb, P. J. (1992). Event-related brain potentials elicited by syntactic anomaly. *Journal of Memory and Language, 31,* 1–22.

Osterhout, L., & Holcomb, P. J. (1996). Event-related potentials and syntactic anomaly: Evidence of anomaly detection during the perception of continuous speech. *Language and Cognitive Processes, 8,* 413–438.

Oyama, S.(1982). The sensitive period and comprehension of speech. In S. D. Krashen, R. C. Scarcella, & M. H. Long (Eds.), *Child-adult differences in second language acquisition* (pp. 39–51), Rowley, MA: Newbury House.

Patkowski, M. S. (1980). The sensitive period for the acquisition of syntax in a second language. *Language Learning, 30,* 449–472.

Perani, D., Dehaene, S., Grassi, F., Cohen, L., Cappa, S. F., Dupoux, E., Fazio, F., & Mehler, J. (1996). Brain processing of native and foreign languages. *Cognitive Neuroscience and Neurophysiology, 7,* 2439–2444.

Weber-Fox, C. M., & Neville, H. J. (1994). Sensitive periods differentiate neural systems for grammatical and semantic processing: ERP evidence in bilingual speakers. [Abstract]. *Cognitive Neuroscience Society, 18,* 89.

Weber-Fox, C. M. & Neville, H. J. (1996). Maturational constraints on functional specializations for language processing: ERP and behavioral evidence in bilingual speakers. *Journal of Cognitive Neuroscience, 8,* 231–256.

Weber-Fox, C. M. & Neville, H. J. (1998). Neural subsystems for open and closed class words differentially impacted by delays in second-language immersion: ERP evidence in bilingual speakers. Unpublished manuscript, Purdue University.

Wiesel, T., & Hubel, D. (1963). Effects of visual deprivation on morphology and physiology of cells in the cat's lateral geniculate body. *Journal of Neurophysiology, 26,* 978–993.

Wiesel, T., & Hubel, D. (1965). Comparison of the effects of unilateral and bilateral eye closure on cortical unit responses in kittens. *Journal of Neurophysiology, 28,* 1029–1040.

第三章　语言规模与关键期的协同进化

詹姆斯·R. 赫福德（James R. Hurford）
西蒙·柯比（Simon Kirby）
爱丁堡大学

引言：基因—语言协同进化

物种进化非常缓慢，通过基因的选择而产生了非常适应环境的表型。[①]人类社会的文化，包括语言，进化得更快，至少保持了对外部非文化环境的最低程度的适应性。在物种的系统进化中，信息的跨代传递是通过对分子的复制，而创新则是通过突变和性重组。在文化进化中，信息的跨代传递是通过学习，而创新则是通过零星的发明或借鉴其他文化。这就是进化理论的基石。

但事情变得更加复杂，因为可能存在基因—文化协同进化（gene-culture co-evolution）。[②]在文化兴起之前，物质环境是从有机体外部塑造生物进化的唯一力量，而文化本身显然受到其成员进化出的生物特征的制约。但文化成为外部环境的一部分，也影响生物进化的过程。例如，具有先进医学知识的利他文化降低了个人携带倾向于某些疾病（如糖尿病）的基因的成本——这样的基因在保持这种文化的种群中变得更加广泛。选择性交配可以影响生物进化，而特定的文化可能会影响在交配中被分类的因素。关于文化进化对自然选择的影响的详细讨论，见 Cavalli-Sforza 和 Bodmer（1971：774-804）。

本章探讨了与生物特征（语言习得关键期）和人类文化特性（语言规模）的

[①] 当然，并非生物体的每一个特性都是具有自适应性的，进化中的副产品（spandrels）确实存在。
[②] 尽管存在争议，基因—文化共同进化的理念已经在各种模型中发展起来，如 Lumsden 和 Wilson（1981），Boyd 和 Richerson（1985）。Dawkins 和 Krebs（1984）提出了信号系统进化的根本协同进化机制，Deacon（1992）详细讨论了人类大脑—语言协同进化。

共同进化有关的机制。基因—文化的相互作用可以被描述为一种共生关系，但也许更恰当的说法是"军备竞赛"。在本章引言中，我们用非常广泛的术语概述互动的基本机制。本章其余部分解释并证明了细节。本章末尾给出了我们的研究模型对第二语言习得（second language acquisition，L2A）的启示意义。

简而言之，个人学习群体语言的速度，以及学习该语言的关键期（都是从生物学上来说），共同决定了个人作为成年人可以掌握的语言的最大规模。所有个体都是如此，因此社会中存在的语言规模限制，以及可以学习这种语言的典型时间跨度，都是由这些生物因素决定的。如果没有生物突变，也没有文化创新（例如，发明或借用新的表达方式，甚至是新的结构），生物和文化的相互作用就会保持静止。但突变和文化创新可以给这种互相作用带来活力。

我们可以假设一个在生物上统一的种群使用一种固定规模的语言。也可以说，在这种假设的情况下，生物和语言是"和谐"的。也就是说，所有个体的学习速度都能使他们在关键期过去前学会该群体的语言。简单地从"规模"的角度来看（见以下讨论），这种语言刚好符合生物学上为习得它而分配的时间。在这种情况下，不可能存在任何持久的文化创新，因为在关键期，除了现有语言外，没有人有空余时间习得其他语言。

假设现在出现了一个生物突变体，可以更快地习得语言，从而在青春期之前的一段时间掌握了该群体语言。如果现在出现一种创新（也许是由突变体本身引起的），至少有一个人可以掌握它。如果突变体的相关语言习得基因在整个群体中传播得更快，那么更多的人将能够获得创新能力，群体语言的规模也可以再扩大。但（现在更快的）先天性学习速度和关键期仍然限制了群体语言的潜在规模。

下文将对这些生物文化机制的计算模拟进行详细描述。主要命题（因此这些不作为假设）如下：

第一，存在一种进化机制将关键期结束的年龄确定在青春期前后；

第二，鉴于儿童习得语言的速度，群体的语言规模与在关键期内所能习得语言的最大限度相吻合。

毋庸置疑，语言习得有一个关键期，大致与青春期相吻合。虽然人类语言习得的关键期因人而异，语言习得能力急剧下降的平均年龄也肯定不全是在青春期的平均年龄上（参见 Long，1990），但我们认为近似相关性足以证明有必要探索合理的解释机制。这就类似于人们注意到典型的月经周期与月相相吻合，尽管个别妇女的月经周期可能有所不同，且平均周期无疑不全是一个阴历月（Knight，

1991）。在这种情况下，提出的解释性机制是否能够经受住批评，值得注意。

我们稍后会讨论什么可以称为语言规模。

前人的研究：结论和未解决的问题

Hurford (1991)

在早期的一篇文章（Hurford，1991）中，研究者阐述了一种机制，即关键期演变为适合青春期前的生命阶段。假设掌握语言就意味着健康，那么在一个人的生育年龄开始之前就习得整个语言在进化上是有利的。然而，在该研究描述的模拟中，可以学习的最大语言量是一个假设值，由外部施加，不可更改。

研究者定义了一个潜在的基因组空间，并且提供了一系列"语言习得概况"（language acquisition profiles），包括许多显然难以置信的特征。既定的语言习得概况可以指定生物体在其生命的每个阶段可以习得整个语言的程度（这个语言规模是固定的）。因此，从原则上讲，一个生物体可能天生就有一种安排其生活史的先天倾向。如果以这种形式，语言习得可能会发生在生命的尽头。当然，这种合理的基因组空间也允许基因组指定语言习得能力集中在生命初始阶段。

研究者在模拟环境中建立了具有随机先天语言习得概况的模拟人群，并将待习得语言初始值设为零。在缺乏（好的）范例的情况下，即使是在语言初始水平为零的环境中，个体至少能够习得一些语言。但在生命的某一特定阶段，他们永远无法习得更多超出其先天语言习得条件所允许的语言。这种情况下，通过运行模拟，语言规模可以增大，但人为设定了上限（10 个概念单位）——没有一个生物体能够习得超过 10 个"单位"的语言。

选择性繁殖是有组织的，以这样一种方式，拥有更多的语言会带来繁殖优势。种群总是进化到只包含那些语言习得能力集中在青春期之前的个体。这些人群总是演变成只包含其语言习得能力集中在青春期的个体。回顾思考一下，这显然是有道理的，因为在生命中有繁殖可能的时期（即青春期后），及时准备好所有的生殖优势特征是有好处的。研究者解释了进化种群在青春期后的生命阶段缺乏任何语言习得能力。这不是一种适应，而是由进化突变压力造成的。虽然在个体的生命早期阶段存在着保持语言习得能力的选择性压力，但在后期阶段却不存在这种压力，因为可以假设到那时个体已经习得了该语言。③

然而，在定义语言规模和语言习得概况的概念数字的算术上存在偏差因素。合理的最大语言规模（前面提到的上限值）是在青春期前的生命阶段所能习得的范围内确定的。从原则上讲，一门语言可能非常庞大，以至于需要花费一生的时间来学习。而这种可能性在 Hurford（1991）的模拟中被排除。如果允许最大概念的语言规模变化超过了在青春期之前可以习得的极限，那么仍然有可能出现一个关键期。但这个时期要长得多，例如在中年时期达到巅峰。

Hurford（1991）的研究以先天语言习得概况的术语为基础，可能被认为是语言习得的某种具有先天论（nativist）的观点。但事实上，在那个研究中没有关于领域特异性的争论——同样的进化机制同样适用于任何有优势的技能的习得。这项研究也没有提到任何可能涉及语言习得的成熟因素。这个问题在 Elman 的文章中讨论过。

Elman (1993)

Elman 的方法不是与进化论相关，而是与个体发生学相关。他通过对神经网络训练计划的巧妙实验表明，一个拥有"从小开始"句法习得资源的生物，可以成功地习得一种具有类似人类的嵌套远程依赖特征的语言。神经网络若是没有成熟的"从小开始"的策略，是不可能被训练到能习得这样一种语言。"从小开始"的策略包括一开始只专注于非常短的输入段，然后逐渐将注意力的窗口扩大到越来越长的输入段。神经网络在看到语言组织的更复杂方面的证据之前（还有被混淆的风险），如长距离依存（long-distance dependencies），就已经学会了有关所输入语言的基本事实，如名词—动词分类。

在 Elman（1993）的研究中，成功学习的关键是成熟时间表（maturational schedule）。在这个时间表中，注意力的窗口（Elman 称之为"工作记忆"，即 working memory）逐渐扩大。这意味着这就是发生在儿童身上的事情，扩展的时间表安排得很好，以便每个阶段都有足够的时间来习得足够多的语言，为下一阶段的学习打下坚实的基础。Elman 尝试了各种时间表，并在给定的预先设定学习任务情况下找到了一个有效的时间表。有意思的是，与后期阶段相比，它在第一个"狭窄窗口"（narrow window）阶段需要更长的时间。Elman 对语言习得存

---

③ Christiansen（1994: 147）清楚地指出，"Hurford（1991）也认为关键期是一个棘手问题"。

在关键期的解释依赖于在发展过程中建立的成熟时间表。如果像 Genie 的悲剧一样，儿童在早期没有得到语言输入，那么扩大相关关注范围的成熟时间表仍在继续进行。一个异常晚地接触语言的人，不会有从小开始的优势，也学不会语言。

人们可能认为，刚才提出的对关键期的两种解释（Hurford，1991；Elman，1993）是互不相容的竞争关系，但事实并非如此。一方面，Hurford 提出了一种进化机制。通过这种机制（在对语言规模有一定假设的情况下），关键期在接近特定的生活史事件（青春期）时结束。但他没有提到与学习过程或所学习的语言结构相关的心理语言学机制。另一方面，Elman 的研究对学习过程与语言结构的关系提出了具体而有趣的建议，但完全没有涉及他所引用的成熟时间表的生活史时间，也没有提出进化机制。这两个说法是相辅相成的。Hurford（1998）提出，这两种说法实际上可以合并，我们可以寻找导致 Elman（1993）所描述的那种成熟时间表的进化过程，并且可以尝试展示这种时间表是如何校准到与关键的生活史事件（如青春期）相关的。这是下一个研究要做的事情。

Kirby 和 Hurford (1997)

本研究假设语言的增量学习与资源的稳步扩展之间存在关系，如 Elman（1993）的工作记忆。也就是说，假设语言学习的每个阶段要取得成功，前一个阶段必须成功完成，学习机制所使用的资源，即工作记忆，必须扩展到一个适当的容量，才能开始下一个阶段。Kirby 和 Hurford（1997）研究了可以将这种资源扩张规划到发展中的进化过程。该项研究使用了计算机模拟进化过程。

这些模拟定义了具有出生、青春期和死亡的生活史特征的人群。人们只有在青春期后才可能繁殖，因此将个人基因传递给下一代的概率与准父母习得的语言量有关。在模拟中，进化被赋予了两种不同的方式来表示工作记忆的扩展：作为实际年龄的函数或作为接触输入的函数（或这两者的某种混合）。模拟基因组的结构原则上允许构建各种表型。在一种可能的表型中，与语言相关的工作记忆的成熟度与实际年龄相关；在另一种可能的表型中，工作记忆的扩展由语言输入触发，并且也允许存在各种混合的可能性。例如，其中一种（假设的）混合策略是，一个人的工作记忆扩展是在生命早期由实际年龄触发，然后在生命后期通过接触语言而产生。

从这些模拟中产生的是一个混合的基因组，其中工作记忆的扩展由早期接触语言和后期实际年龄触发。换句话说，有了这样一个基因组，在接触语言方面稍有延迟也不会是灾难性的。在童年时期，工作记忆的扩展可能会等待一段时间。

对于一个比较晚才开始学习语言的孩子来说，追赶上来是有可能的。太晚才学习语言将是灾难性的，因为由年龄决定的工作记忆的扩展迟早会启动，并使工作记忆达到一定容量，此时从小开始的可能性已经消失。本研究中进化基因组都对从输入敏感的资源扩展向年龄相关的扩展的转变进行了编码。在某些情况下，这种转换甚至恰好与青春期同时发生。

从输入敏感性到年龄相关生长的转变并不是在所有模拟中都与青春期一致。相反，它与生活史上的某个时间点相吻合。这是选择用于运行模拟的各种参数的一个构造。在所有这些模拟中，与早期的研究（Hurford，1991）一样，确定了任意选择的语言规模，还确定了衡量"输入质量"的标准，模拟了环境中的某种程度的不可靠性。例如，这个变量可以设置为 50%，表示一个学习者在特定的生命阶段只有 50% 的机会真正获得任何语言输入。获得完整语言所需的生命阶段的实际数量是语言规模和输入质量的函数。自然而然地，个体接触到更多语言或接触到相同数量但质量较差的语言，其学习语言的速度更慢。例如：学习一种理论上规模为 10、输入质量为 50% 的语言需要 20 个生命阶段；学习一门理论上规模为 9、输入质量为 75% 的语言，需要 12（=9/0.75）个生命阶段。这些参数的系统性变化，与青春期的年龄设定无关，表明关键期出现在典型习得完整语言的年龄，而不一定总是在青春期。

描绘关键期效应的一种清晰的图解方式是绘制最终习得与匮乏时长的关系图。图 3.1 是一个这样的图。该图显示了 4 个不同的模拟运行的结果（4 条曲线）。在这些运行中，语言规模设置为 7 个单位，并且输入质量设置为 0.5（50%）。有了这种语言规模和输入质量，在正常的接触下，一个人将在第十四个生命阶段结束时习得整门语言。这 4 条曲线提供了模拟 Genie 实验的预测结果——研究者对携带在主要（非剥夺环境）模拟中演变的基因组的个体进行了研究。这表明，直到第十四个生命阶段结束前，如语言输入匮乏，预期习得就接近于零。这里需要注意的是，这 4 次实验都在青春期不同的生命阶段进行，分别是 5 岁、10 岁、15 岁和 20 岁。图 3.1 显示，青春期对关键期的预期结束没有影响。

在 Kirby 和 Hurford（1997）的研究中，完成正常语言习得的生命阶段是语言规模的一个构造导数。在模拟中，语言规模是简单给定的，关键期演变与这一构造相一致。这是鲍德温效应的一个例子（Baldwin，1896; Hinton 和 Nowlan，1987）。据此，学习的存在事实上可以引导系统演化。在数千年稳定的环境中，学习过程的某些恒定方面变为先天的。在这种情况下，学习过程中被生物化的恒定方面是它与生活史相挂钩的时机。

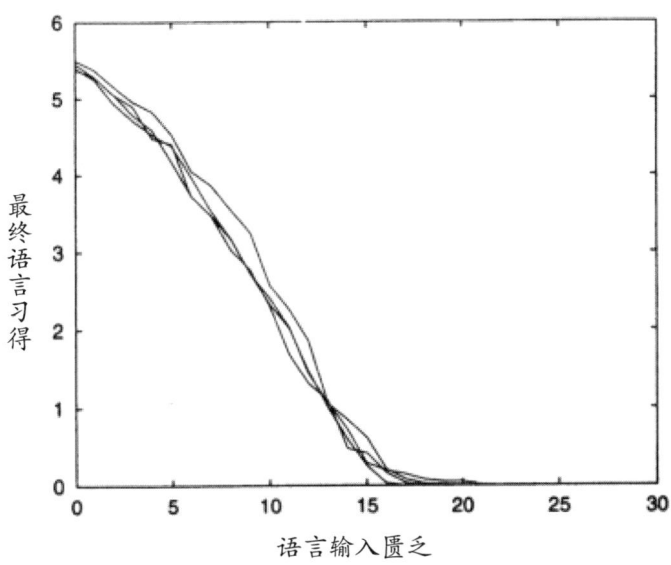

图 3.1　语言能力随着初次接触语言的年龄增长而下降的情况

如何固定语言的规模？

从这些先前的研究中得出的结论：关键期的进化出现是可以建模的。但到目前为止，所有模型都存在两个相关的缺陷：

第一，没有强有力的令人信服的机制将关键期与青春期联系起来，且没有建立一个固定的（可以说是"上天赐予的"）语言规模数量。一方面，Hurford（1991）的研究确实表明，根据对语言规模的某种假设，关键期可以进化到与青春期相契合。另一方面，Kirby 和 Hurford（1997）的研究表明，如果这个固定的数量是可变化的，那么关键期可以从系统上"操控"到青春期以外的其他生命阶段。

第二，对于语言的规模如何变得固定或进化，研究人员根本没有提出任何建议。

语言存在于群体中。一代孩子所习得的语言，接下来又会传给下一代的孩子。当然，随着语言在历史过程中不断演变，语言的传播并不总是完美的。我们在这里采取的方法：语言的规模也是群体中持有的一个方面，并且会受到每一代人的微小变化的影响（这些变化累积起来构成了语言的历史）。与语言的其他特征一样，其规模必须通过每代语言习得者的筛选。我们假设，如果语言太大以至于先天语言习得装置无法应对，那么它的规模将不会保留到下一代，就像（假设）一种具有极其复杂结构的语言不会被忠实地传递给下一代一样。事实上，语言的规模可以被认为是其所有复杂性的总和。

语言学家通常认为，没有一种语言总体上比另一种语言更复杂。诚然，没有衡量标准可以来检验这个普遍假设，但我们在这里接受这个说法。然而，尽管不同语言的总体复杂性（可理解为"规模"）可能没有差异，众所周知，不同语言的子系统的复杂性是不同的。例如：一些语言根本没有数字系统，但可能具有复杂的亲缘命名系统；一门语言可能具有非常复杂的格系统，但却具备相对简单的时态系统；或者具有一个丰富的词汇声调系统和简单的语音策略；或对词序有复杂的约束，却没有格系统等。我们认为，由于心理和社会的综合原因，将所有最复杂的子系统组合在一起的语言是不可行的。可以想象一下，一种语言具有以下复杂子系统的组合将会如何：具有丰富的阿拉伯语模板类型衍生形态；一组名词像芬兰语一样带着详细的名词后缀；元音和谐，如土耳其语；与粤语一样丰富的词汇声调系统；辅音的音位结构与俄语一样宽松；与英式英语一样多的元音区分；科伊桑语的舝音音素库，如纳玛语；咽音、小舌音、软颚音、上颚音、腭齿龈音、龈颚音、齿槽音、齿音、唇齿音、双唇音；三级发音层次；和纳瓦霍语一样复杂的体—语气组合系统；中心语标记（head marking）和依附标记（dependent marking）；因纽特语丰富的指示系统；单数、双数、若干和复数；与班图语一样多的名词类；4种过去时；匈牙利语中定指变位和不定指变位；混合作格性；换指；……这将是一种规模大到不可思议的语言。原因在于这是社会和心理的结合。这将给习得者带来沉重的负担，同时由于信息大量冗余，其大部分复杂的沟通负荷将相对较低。

我们认为，语言的规模是"在群体中保留"的意义并不依赖于本体论范畴，如 Durkheimian 所说的社会事实。语言的规模可以被理解为（取决于个人的目的）在社会中个体大脑存储语言能力的平均值或最大值，并在他们的行为中表达出来。类似地，我们可以讨论人群中个体声音的平均响度，或平均音高，或每秒音节的平均速度。个人在一代人中习得的语言能力决定了他们的语言输出。这是下一代人习得语言的基础。

在下一节中，我们描述了一种模型的实现方式，其中语言规模不是由程序员强加的，而是由语言习得中涉及的（模拟的）生物因素和（模拟的）社会历史因素决定的。这些社会历史因素涉及语言习得的恒定循环和向下一代重新传递语言。在这个模型中，语言规模在群体的历史中不断调整。鉴于语言习得的特定先天速度和社会呈现的特定规模的语言，会有一个典型年龄去完全习得语言。先前的研究结果（Kirby 和 Hurford，1997）表明，在生物学上，语言习得的关键期与语言完全习得的年龄密切相关。其结果是关键期的结束与青春期的年龄相接近。

新的模拟

图 3.2 说明了这项工作的解释方案：

· 粗线条的方框代表人类语言习得者的基因编码属性；
· 细线条的方框代表社会化过程或建构，发生或存在于语言使用者的社会群体中；
· 粗箭头代表由自然选择决定的系统发育进化过程；
· 小箭头代表社会化过程，在语言使用者的社会群体中运行；
· 虚线箭头表示逻辑定义关系。④

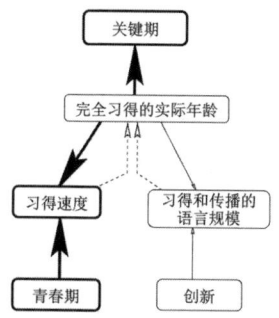

图 3.2　习得速度和语言规模的协同进化机制

图 3.2 中，有两个方框没有箭头指向。青春期和创新这两个因素在本研究中被认为是既定的，没有给出解释。但我们还是有必要对这两个因素依次进行说明。

青春期是生物体在此之后能够繁殖的生物生命阶段。我们认为，青春期的年龄在我们的原始人类祖先中早就进化了，远在语言出现之前。青春期的特定年龄是我们的解释所依据的生物学基础。

创新是一种社会力量（当然是在生物制约因素下运作的），个人可以借此在自己的群体中偶尔引入新的社会结构。在语言领域，关于创新的一个小例子是创造一个新词；更具实质性的创新是"创造"一种新的语法结构。我们假设创新是可能的，但很罕见。没有个人的创新，就不可能有我们所知的语言这种社会结构产生的机制。创新虽然起源于个人，但需要被整个社会所采纳。我们没必要认为社会采用的创新是功能性的，但这种假设似乎又很自然。我们还假设，创新的效果是增加语言规模。也就是说，实际上这给社会历史上不断变化的语言的后续习

---

④ 人们不应该被这个"方框和箭头"图冲昏头脑，因为它们只是旨在解释清楚所涉问题的说明性方案。还有其他方法可以用方框和箭头图去系统性解释其他领域。我们希望这个方法能阐明问题。

得者增加了更大的负担。

图 3.2 中剩余的 4 个方框都有箭头指向。指向盒子的箭头都从某种意义上解释了方框里的内容。我们分不同的小节来说明每个解释性方框或因素。前面所讨论的两个因素，即习得年龄和关键期，可以进行简单的讨论。我们主要关注的是解释另外两个因素的机制，即习得速度和语言规模。

语言习得的实际年龄

从定义上来说，根据变量习得的*语言规模*（size of language acquired）和*习得*（acquisition）的速度，在历史上的任何阶段，都可以推算出完全习得的*实际年龄*（actual age at full acquisition）。这不是一种经验主张，而仅仅是一种赘述。就像在物理环境中一样，时间 = 距离 / 速度，所以在这里习得年龄 = 规模 / 速度。这是我们研究中最基本的部分。这是毫无争议的。但有一个明显的保留意见：如果规模 / 速度大于死亡年龄，那么习得年龄 = 死亡年龄。

我们的模型显示了语言规模和习得速度这两个变量的协同进化。调节它们协同进化的因素是它们共同的结果，即习得年龄。如图 3.2 所示，它们以这种方式协同进化，从而使习得年龄保持接近青春期。图 3.2 中的虚线箭头显示了这种关系，即语言的习得速度和规模简单地勾勒出语言习得的年龄。

关键期

习得的实际年龄与关键期之间的联系在 Kirby 和 Hurford（1997）的研究中得到了详细阐明。我们在前一节中总结了导致这一结果的工作，在这里只是假设。在图 3.2 中，指向关键期方框的粗箭头表示习得年龄与关键期之间的相关性。接受这种相关性并不是要为我们的问题建立一个解决方案。恰恰相反，这种相关性似乎正是我们的问题所在。正如 Kirby 和 Hurford（1997）研究所表明的，在不同的语言规模和语言习得的平均速度设置下，关键期可以独立于青春期而变化。

习得速度

在图 3.2 中，指向习得速度方框的粗箭头显示了青春期和语言习得的实际年龄的进化效应。系统发育进化压力适应习得速度，以便在青春期完成对特定规模的语言的完全习得。这为习得速度提供了一个进化下限。我们现在来描述这一效应的模拟建模。

对于模拟人群，描述了以下事实：
- 人口规模——50 人
- 死亡年龄——40 个生命阶段
- 青春期年龄——分为 6.5、12.5 和 18.5 个生命阶段
- 初始语言最大规模——从 10 到 1000 个单位不等
- 初始习得速度每个生命阶段从 0 至 5 个单位不等

这种人口规模已经足够大了，再大的数值也不会改变结果。定义了死亡和青春期的生命周期的尺度用来表示年份。青春期是个体不可改变的遗传特性。青春期设定在不同的年龄，以证明习得年龄对青春期的影响。青春期的数值是一个人不能生育的最后一个生命阶段和他或她可以生育的第一个生命阶段之间的中间点。最初的语言最大规模只是一个任意数字，用于启动模拟。最大语言规模在模拟过程中不断变化，由任何成年人在模拟的任何给定周期中习得语言的最大规模确定。习得速度是每个个体的遗传编码特性，继承自父母一方，并在模拟初始化后经受新生儿的零星突变的影响。该特性表示为单个数字。

模拟经历了几个周期，简要概述如下（一些细节将在后面详细阐述）：

第一，个体在生命阶段 40 时死亡。

第二，一个子集（通常是 25%）的成年人口（即那些过了青春期的人）被选为下一代的潜在父母。这种选择是根据个体当时掌握语言的程度作出的。

第三，父母从这个精英子集中随机挑选，并进行有性繁殖，产生足够多的新个体以保持人口恒定。在这一点上，存在很小的随机突变概率，所以新生儿的基因习得速度可能与父母的不同。

第四，语言习得。语言尚未达到群体所建立的最大规模的任何一个个体，在一个生命阶段中，都能习得其遗传速度所允许的尽可能多的语言，直到达到群体的最大限度。

第五，所有个体都推进了一个生命阶段。

为了显示语言规模在模拟过程中如何受到影响，我们给出了一些具体数字的示例。举个例子，初始（任意）语言大小设置为 1000 个单位，个体在基因上被赋予了每个生命阶段 5 个单位的习得速度。运行开始时，每个新生儿有 40 个生命阶段，每个阶段只能习得 5 个单元的语言。这个个体将度过 40 个生命阶段，在整个生命阶段习得语言（在这种人为初始情况下）。这个个体在生命结束时，

将习得一门规模为 200（5×40）的语言。而现在 200 将成为社区中最大的语言规模。之后的个体都不能习得超过 200 个单位的语言。

如果初始（任意）语言最大规模设置为相对较低，如 10 个单位，所有个体具有相同的初始先天速度，每个生命阶段 5 个单位。在这种情况下，所有个人都将在第二个生命阶段习得完整的语言。在此版本的模拟中，在接下来的运行中，最大语言规模将保持为 10。

当然，这种对最大群体语言规模的固化总是在运行的前 40 个周期内快速发生。它仍然是人工设定，要么是设定了初始任意语言规模，要么是最初遗传给定的习得速度和死亡年龄的产物。这两者同样重要。在本小节中描述的模拟中，语言规模在运行的第一个循环中就以这种方式快速固化，并且在长时间运行期间不会有进一步变化。在下一小节中，我们将展示"创新"因素的引入如何使语言规模在模拟过程中不断变化。但现在，我们重点关注习得速度的变化如何影响习得年龄。

随着模拟的进行，突变体出现了，它们的先天习得速度要么很快，要么慢于种群中的其他个体。假设种群的最大语言规模仍然是如此，以至于非突变个体需要花一辈子的时间来习得它，突变较慢的习得者即使到达生命的尽头仍无法习得整门语言。在生命的任何阶段，带有这种突变基因的缓慢习得者掌握的语言比他同阶段的同龄人少，并且在选择亲子关系的竞争中将处于相对不利的地位。如果这种慢习得突变基因完全入侵种群，那么种群的最大语言规模当然会下降到这种慢习得种群一生可以习得的规模。但这是最不可能的。相比之下，突变体快速习得者将在最后一个生命阶段之前习得整个种群语言，并且在作为父母的竞争中处于整个生命周期的相对优势。这种更快的突变基因有可能会在整个种群中传播。然而，由于（到目前为止）没有增加群体语言规模的机制，习得整个语言的平均年龄将会降低。

经过了青春期的个体之间面临着成为父母的竞争。在这一成年人群中，习得较多语言的个体将处于优势。因此，面对基因的自然选择压力会加速语言习得，以在青春期之前习得整门语言。习得的速度至少要快到足以在青春期前完成任务。没有什么可以阻止习得的速度（通过突变）变得更快，因此语言习得可以在青春期之前完成。但青春期前这些个体也没有压力，因为他们的习得速度比他们所需要的快得多了，这样他们可以及时完成任务以进入寻求配偶的竞赛。

这些效应出现在我们的模拟中，如图 3.3、图 3.4、图 3.5 所示。

第三章 语言规模与关键期的协同进化

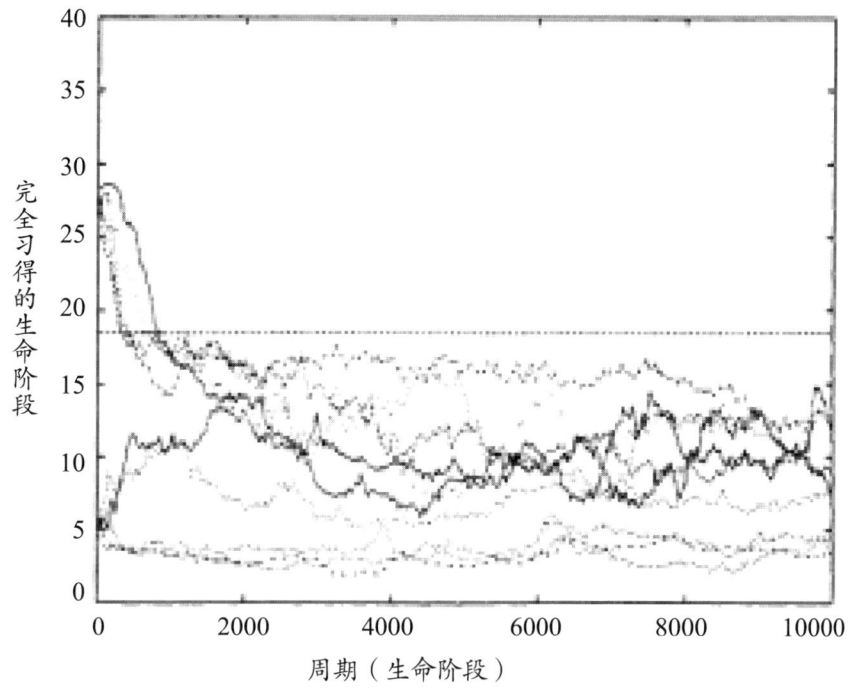

图 3.3 习得年龄的设定和在青春期年龄以下的随机走势（18.5）

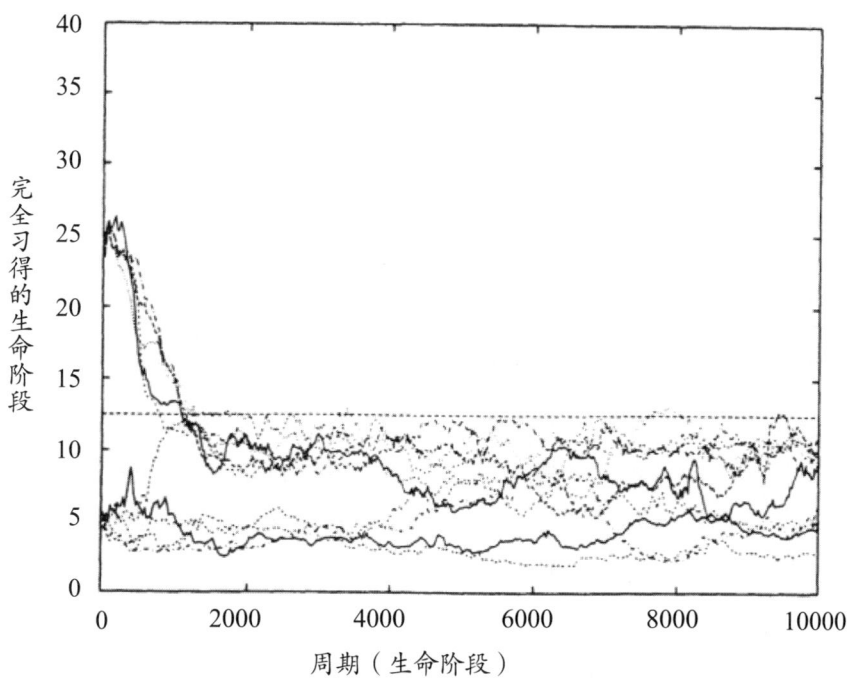

图 3.4 习得年龄的设定和在青春期年龄以下的随机走势（12.5）

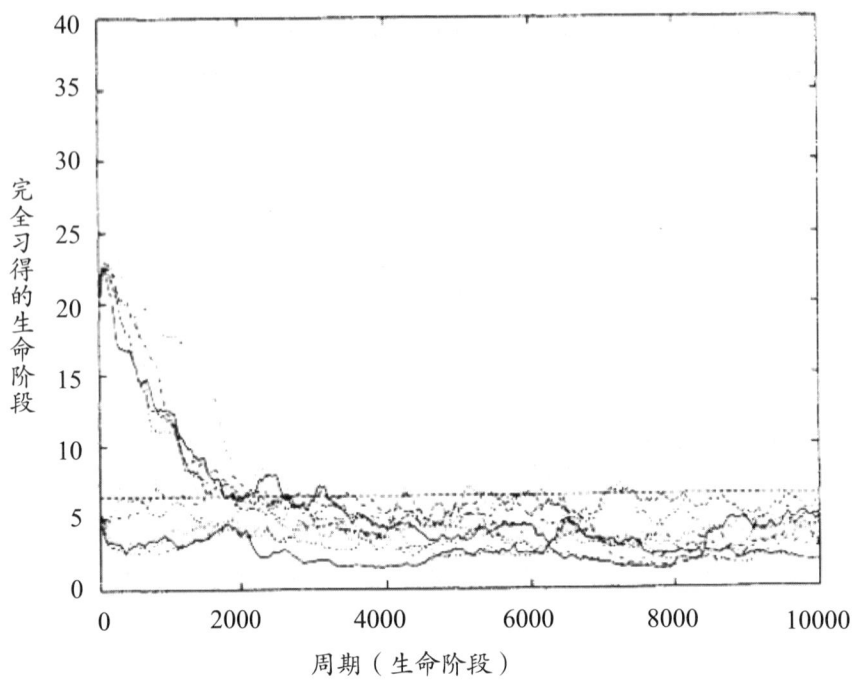

图 3.5　习得年龄的设定和在青春期年龄以下的随机走势（6.5）

每个数值都显示了群体在完全习得语言时的平均生命阶段。这是通过 10000 个周期的模拟逐渐形成的。每张图显示了 10 条独立的走势，其中有 5 条较高的初始语言规模走势和 5 条较低的初始语言规模走势。每张图都显示了青春期设定在不同的水平（18.5,12.5,6.5）。在所有情况下，可以看出，在语言规模起点较高的地方，完全习得语言时的平均生命阶段远远高于青春期，但由于对习得速度的选择压力，走势迅速下降到青春期以下。一旦完全习得语言的平均生命阶段低于青春期（或者它的起点在青春期以下），走势只能随机生成（受到随机突变的影响），青春期前的个体没有压力去更快习得语言。

到目前为止，我们已经了解了一半的情况。我们展示了语言习得速度的（模型）演变方式，即平均习得年龄低于青春期。我们还展示了语言规模如何存储在群体中，由个体习得并由后代再传递下去的情况。到目前为止，唯一证实的对语言规模的影响是相对微不足道的限制，即它不能超过任何个人在一生中可以学习到的总量。但我们已经展示了这种语言规模的上限如何在协同进化过程中发挥作用——在这个过程中，语言规模和学习速度一起调整，以便在青春期学习完该语言。我们还没有证明的是什么阻止了语言习得的平均年龄远远低于青春期年龄，正如图 3.3、图 3.4、图 3.5 所示的走势。我们将在下一小节填补这些空白。

习得和传播的语言规模

我们假设，社会和沟通因素所带来的创新潜力，为增加所习得语言的规模提供了压力。在第二个版本的模拟中，我们添加了这个创新因素。所有其他条件与以前一样，但现在出现了一个小变化，一个已经掌握了整个群体语言的个体，在极少的间隔中，以小幅度增量增加自己的语言。通过这种方式，群体的语言实际上得到了扩展。

我们现在有两个因素在起作用：一个是影响习得速度的生物突变因素；另一个是周期性增加要习得的语言规模的社会创新因素。快速学习的突变体是有优势的，如我们所见，在青春期达到完全习得语言的顶点。假设一个群体的语言习得速度是一致的，个体达到青春期时就能习得群体语言。如果语言规模增大，所有个体习得语言的年龄将增加到青春期以上。此时，新的具有更快习得速度的突变体将拥有优势。这种突变将倾向于在整个种群中传播。

在我们的模拟中，创新成为一种恒定的力量，对语言规模施加恒定的向上压力。因此，对于一个拥有进化的习得速度的群体来说，所有的个体都在青春期之前就学会了语言。这种对语言规模的上升压力将倾向于使习得年龄也上升（因为有更多的语言成分需要习得）。只要加快习得速度，使习得年龄持续低于青春期年龄，生物选择压力就不会对此有反应，因为只有成年人才参与这个选择过程。只有在语言规模增加到无法在青春期完全习得的情况下，加快语言习得而产生的生物选择压力才起作用。

这些模拟的结果如图 3.6、图 3.7、图 3.8 所示，同样是青春期设定为不同年龄——18.5、12.5、6.5。如前所述，这些数值展现了（在模拟的周期中）习得的平均年龄与时间。这些图表各自显示了 5 个独立的走势。在这些走势中，最初的语言规模设定低，因此最初完全习得年龄远低于青春期。

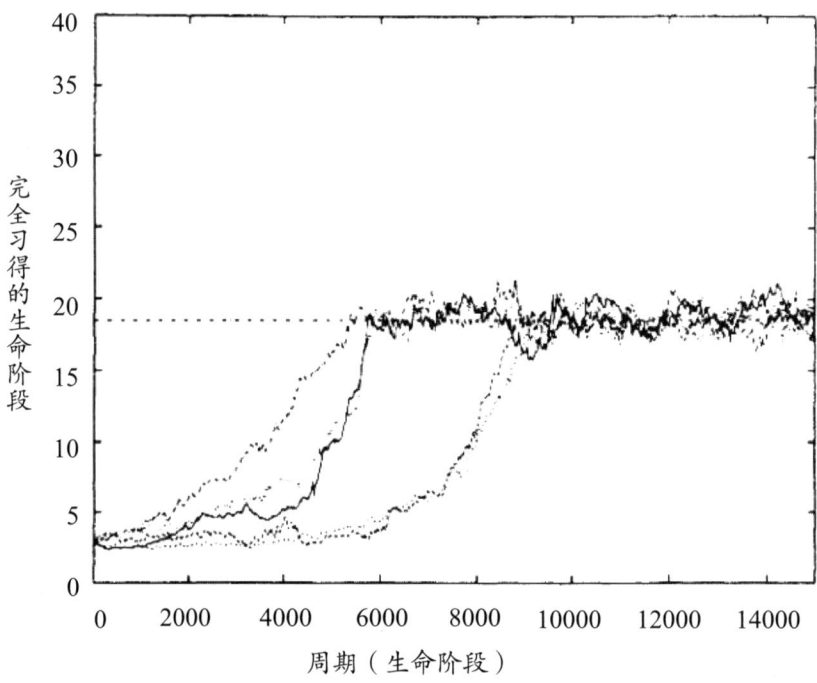

图 3.6 在青春期语言规模的扩展与习得年龄设定（18.5）

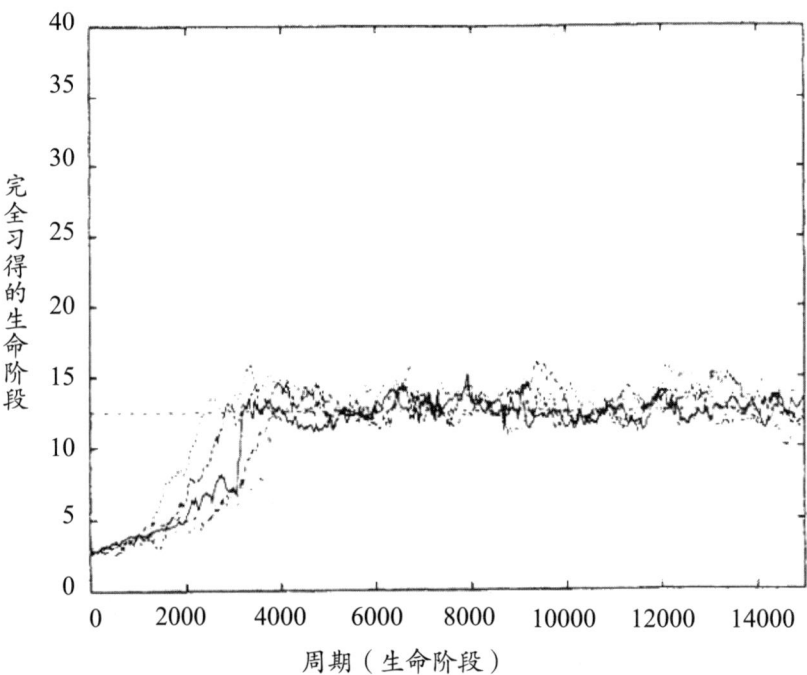

图 3.7 在青春期语言规模的扩展与习得年龄设定（12.5）

第三章 语言规模与关键期的协同进化

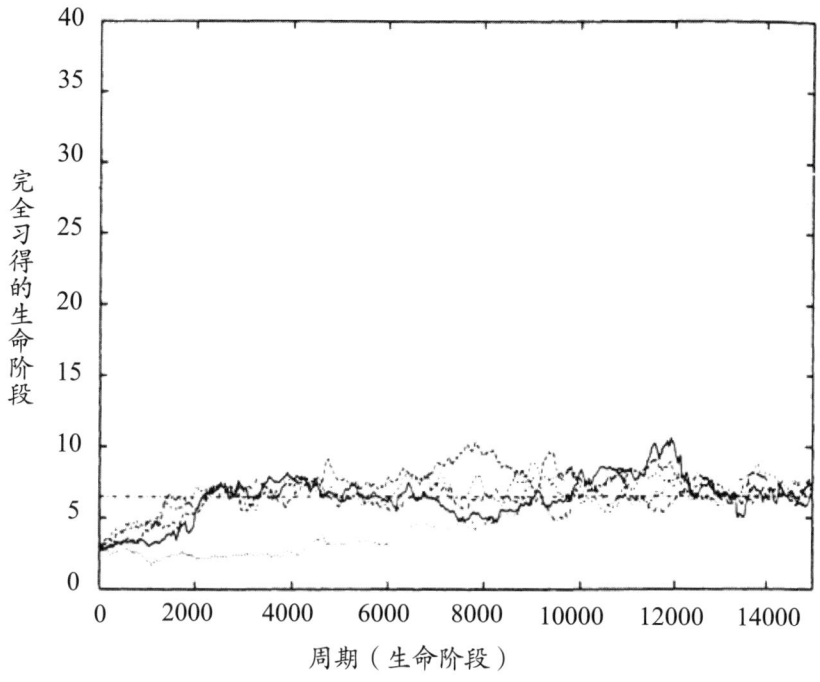

图3.8 在青春期语言规模的扩展与习得年龄设定（6.5）

由于缓慢而持续的创新力量使习得者的目的语的规模扩大，习得年龄开始有明显的上升趋势。在这个初始阶段，遗传上给定的习得速度并没有选择压力。当语言规模达到规模/速度＝青春期时，生物选择才开始起作用，语言规模和习得速度之间的"军备竞赛"开始，使习得年龄接近青春期年龄。

图3.6、图3.7、图3.8应与前面的图3.3、图3.4、图3.5进行比较。早期数据中青春期以下的随机走势在后期数据中被一种平衡行为所取代。在这种平衡行为中，相互抵消的力量（生物习得速度和社会创新）使完全语言习得年龄接近青春期。

最后一张图（图3.9）显示了单次运行的结果，在对数刻度上显示了速度、语言大小和习得年龄。该图的x轴表示时间（以模拟周期为单位）。y轴实际上代表了几种不同的量，用不同的单位来衡量。在生命阶段，y轴上的数字（0.1，1，10，100）表示年龄；这个对数刻度上，在12.5的直线表示青春期的年龄；习得年龄的曲线也画在这个对数刻度上，上升到12.5左右，然后趋于平缓。创新使语言规模呈指数级增长，如从10开始向上倾斜的直线对角线所示。这条线用概念单位（而不是生命阶段）表示语言的规模。较低的曲线以每个生命阶段的单位表示习得速度。

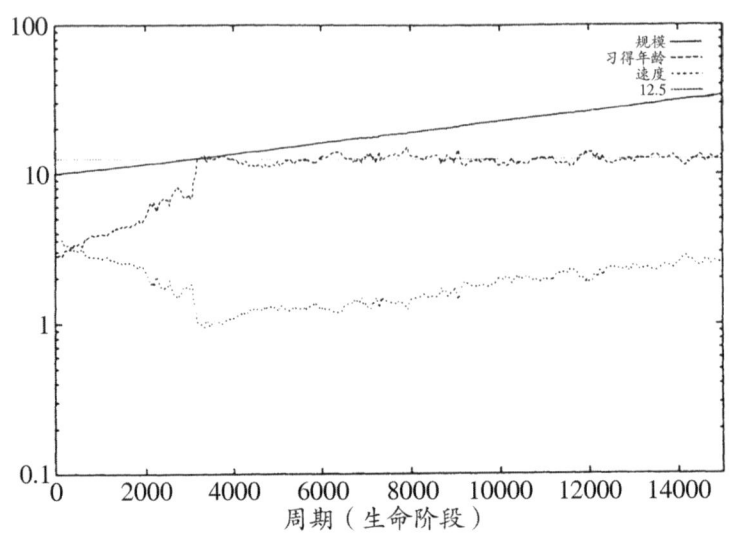

图 3.9 规模扩大：当习得年龄到达青春期时，速度也会增快（对数刻度）

图 3.9 中要注意的重点是速度曲线和习得年龄之间的关系。在这种情况下，速度曲线开始移动；同时，习得年龄曲线向上移动。这是由于（有意地）缓慢增大的语言规模和（迄今为止，随机地）降低的习得速度。当习得年龄曲线在 12.5 个生命阶段（大约 3200 个周期）超过青春期线时，习得速度曲线就会向上。从那时起，习得速度曲线基本上与语言规模曲线平行，呈上升趋势。这两个平行曲线——规模和速度——一个是直线的（在这个对数刻度上），另一个是蜿蜒的。这是因为，在这个模拟中，创新以非常规律的节奏进行，并且始终朝着同一个上升方向进行。在速度方面，生物突变也以完全有规律的间隔引入，但突变的方向（加速或减速）是随机选择的，并且任何特定的突变基因在种群中的发展受到模拟有性繁殖中涉及的随机过程的影响。本来可以采用一些不同的处理方案，但我们没有理由推断结果会有显著的不同。

图 3.9 中存在一个不显著的巧合。习得—年龄曲线和速度曲线在规模曲线越过青春期线时或多或少地改变方向（这一点并不显著）。规模和青春期的测量方式不同：规模以单位测量，青春期以生命阶段测量。这是一场规模数值缩放的事故。在其他类似的走势图中，这种巧合不会发生。

总结本节并表达我们的中心观点：（a）语言规模通过创新在社会上进化；（b）习得速度通过自然选择在生物学上进化；（c）两个进化过程通过以下方式互相协调：

$$\frac{规模}{速度} \approx 青春期$$

本章中涉及 Kirby 和 Hurford（1997）的研究中建立的模型对 L2A 的影响可归纳如下。在生命的早期就将语言习得资源应用于第一语言（first language，L1），其效果是建立起关于所习得语言的知识储备。L1 的知识现在可能被认为是一种额外的资源，可以在第二语言（second language，L2）的习得中加以利用。然而，从理论上讲，两种不同的"资源"的区别是很明显的。也就是说，一种是处理数据并将其转化为（更多的）知识的能力；另一种是语言的实际知识。Kirby 和 Hurford（1997）的模型显示了对辅助语言习得的处理能力的某种基因控制的预期进化。这种控制方式决定了在生命早期接触语言会改变这种处理能力的参数，使其逐渐适应习得更高层次的语言知识，但可能是遵循 Elman 和 Newport 的"从小处开始"和"少即是多"的思想，不太适合开始一门新语言的要求。习得的 L1 知识在多大程度上可以替代失去的处理能力，是一个开放的、经验主义的问题。如果 L2 与习得的 L1 在某种程度上相似，L2 学习者获得的知识量就会减少。成年 L2 学习者需要学习的东西较少，但可用于学习的加工资源却已经匮乏了。

本章中建立的 L2A 模型的主要结果，和第一语言习得（first language acquisition，L1）模型一样，涉及从早期语言输入能力转变的生活史时间。它展示了如何预期一个协同进化的过程，以确定个体成为成年语言学习者的年龄与个体成为有生育能力的成年人的年龄是密切一致的。性成熟的开始与语言习得能力在逻辑上没有关联。而本章展示了在进化上关联的可能性。

总　结

大家可能认为，这里讨论的问题具有专业性。语言规模和习得速度的概念这样的通用术语在这里几乎很少讨论。虽然我们完全不清楚儿童究竟习得了什么样的结构，以及他们处在什么发展阶段，但我们的模式涉及人类语言的基本维度。关于生成语法和语言习得的介绍性文献总是强调习得能力令人印象深刻的丰富程度（复杂性，规模），以及引人瞩目的习得速度。当然，速度和规模从未被量化——只声称这是令人印象深刻的，而事实确实如此。这种原始的速度和规模是语言习得的根本所在。正是它们使这个课题变得如此重要。对语言习得的详细研究从未涉及原始速度和规模的讨论，就像注重实践的陆地制图师在绘制地图前不会先讨论南—北和东—西的基本维度一样。地理维度是由地球自转的性质决定的，由物理力量的平衡所控制。我们主张，规模和速度两个语言维度的进化是为了在自然选择（在繁殖年龄获得更大优势）和社会构建（具有更有代表性的权力）之间保持平衡。

我们提出的模型显然在许多方面是很理想化的，所有这些模型也是如此。我们的目标是抓住语言进化的核心机制。这种模型不同于早期常见的语言进化模型（例如，Hurford，1991，1998）。早期模型将语言能力的进化视为一种生物现象，基本上不受语言使用者群体所创造的文化环境变化的影响。显然，这种生物和社会的相互作用必须谨慎对待。必须首先设法确定生物过程和社会过程的发生速度是否能够以所建议的方式协调一致。目前，我们对语言规模的理解是如此简单，对基因作用于学习速度的认识也是如此不完整，因此这项研究仍然具有高度的推测性。

大胆地进一步推测，我们这种基因—语言协同进化的模型可能有一定的潜力来解释南方古猿大脑尺寸和我们人类大脑尺寸之间惊人的快速增长。这个基本观点是，通过某种文化—语言创新的潜力，一种新的、非物质类型的环境（初级语言）出现了。这种环境比物质环境更易变化，其变化速度比物质环境快得多，而物质环境先前在控制进化过程中是至关重要的。大脑尺寸和语言规模之间可能没有直接的关联，但如果两者完全没有关联，那将是令人惊讶的。

现代文化的发展速度比以往任何阶段都要快得多。特别是在20世纪，人类（主要是人为制造的）环境发生了巨大变化。即使生物和社会进化的速度曾经按照我们的模型所提出的方式相互协调，它们在现代也很有可能变得不协调。如果我们把书面语言习惯的习得作为语言习得的一部分，现代语言习得所需的时间比青春期的时间还要长（见 Miller 和 Weinert，1998）。这可能是文化进化速度如此之快的一个例子，以至于现在生物进化难以适应。

我们的模型描述了一种语言规模呈自供螺旋形增长，与习得速度的增加相对应，而习得速度反过来又与语言规模的增加相对应。这种关系将在什么情况之下结束？这不可能永远持续下去。在某个阶段，我们模型的封闭系统之外的考虑因素会产生影响。语言习得不可能无限加速，因为这肯定是有代价的。语言的规模也不会无限扩大，因为规模扩大必然存在某种收益递减的原则。在现代，人类语言的进化可能已经达到了这样一种程度：虽然我们并没有给成本和收益这样的外部因素建模，但它们已经开始发挥作用。

致　谢

这项研究得到了布达佩斯高等学术研究所的两项奖学金和经济及社会研究理事会的研究经费（R000326551）的支持。我们对布达佩斯高等学术研究所的同事 Eors Szathmary 和 Axel Kowald 提供的帮助表示感谢。

参考文献

Baldwin, J. M. (1896). A new factor in evolution. *American Naturalist,* 30, 441–451.

Boyd, R., & Richerson, P. J. (1985). *Culture and the evolutionary process.* Chicago: University of Chicago Press.

Cavalli–Sforza, L. L., & Bodmer, W. F. (1971). *The genetics of human populations.* San Francisco: Freeman.

Christiansen, M. H. (1994). *Infinite languages, finite minds: Connectionism, learning and linguistic structure.* Doctoral dissertation, University of Edinburgh, Scotland.

Dawkins, R., & Krebs, J. R. (1984). Animal signals: Mind-reading and manipulation. In J.R. Krebs & N.B. Davies (Eds.), *Behavioral ecology: An evolutionary approach* (2nd ed., pp. 380–402). Oxford, England: Blackwell.

Deacon, T. W. (1992). Brain-language coevolution. In J.A. Hawkins & M. Gell-Mann (Eds.), *The evolution of human languages* (Proceedings Vol. XI, Santa Fe Institute Studies in the Sciences of Complexity, pp. 49–83). Redwood City, CA: Addison-Wesley.

Elman, J. L. (1993). Learning and development in neural networks: The importance of starting small. *Cognition,* 48, 71–99.

Hinton, G., & Nowlan, S. (1987). How learning can guide evolution. *Complex Systems,* 1, 495–502.

Hurford, J. R. (1991). The evolution of the critical period for language acquisition. *Cognition,* 40, 159–201.

Hurford, J. R. (1998). Functional innateness: Explaining the critical period for language acquisition. *Proceedings of the UWM Linguistics Symposium on Functionalism and Formalism.* Amsterdam: Benjamins.

Kirby, S., & Hurford, J. R. (1997). The evolution of incremental learning: Language, development and critical periods. Manuscript submitted for publication. Available as University of Edinburgh Occasional Paper in Linguistics EOPL-97-2, http://www.ling.ed. ac.uk/ ~ eopl.

Knight, C. (1991). *Blood relations: Menstruation and the origins of culture.* New Haven, CT: Yale University Press.

Long, M. (1990). Maturational constraints on language development. *Studies in Second Language Acquisition,* 12, 251-285.

Lumsden, C. J., & Wilson, E. O. (1981). *Genes, mind, and culture: The coevolutionary process,* Cambridge, MA: Harvard University Press.

Miller, J., & Weinert, R. (1998). *Spontaneous spoken language.* Oxford, England: Oxford University Press.

第四章　关键期和第二语言习得：分而治之

林恩·尤班克（Lynn Eubank）
北德克萨斯大学
凯文·R. 格雷格（Kevin R.Gregg）
大阪圣安德鲁大学

绪　论

关键期（Critical Period, CP）现象是否会对成年人的第二语言习得（second language acquisition, L2A）能力产生影响？我们认为会产生影响。但我们也认为第二语言（second language, L2）研究文献中围绕该现象的探讨大多都不够精准，意义有限。从涉及对语言本身的基础预设这一最根本层面开始，这种不精准性就已存在。因此，本章先奠定基础以展开讨论。

思维的模块化——语言的模块化

我们首先假设存在一个整体的心脑模块视图，特别是语言能力的模块视图。换言之，我们假设存在多样的且相对自主的心理能力，如记忆、面部辨别、视觉知觉等。这些能力也可进一步拆分为（或许相互自主程度较低的）子能力，如短期记忆，情节记忆等。同样地，我们认为语言能力（即知识）一方面是相对自主于其他形式的能力的，另一方面也包含多种相对自主的能力。在正常生活中，对于正常人来说，这些能力确实共同作用形成了一个无缝且统一的语言知识。但这一事实不应该让人们忽视一种可能性（对我们而言，该可能性很大）——语言实际上是一个民间心理学涵盖性术语，就像有许多大楼的房子，兴许还有不少附属建筑。

因此，我们认为很有可能仅有一些语言的子成分会被纳入特定领域的固化①，即出生前就确定的，是遗传特化影响的结果。例如，人们可能会想象，有时被称为语用能力的（部分）能力并未被包含在内。例如，Gricean 原则可能是遗传固化的典型，但未具体到语言固化。在语用能力的其他领域，人们会期望语言社区之间和内部的大量变化，以响应来自环境的异质刺激。这与人们发现的那些在很大程度上被纳入倾向的子成分不同。在这里，对异质环境刺激的反应在语言社区之间有所不同，但在语言社区内部却相同。更一般地说，我们在此的假设是，母语者所持有的（形态）音系和（形态）句法的隐含知识——我们以后称之为母语者的能力——是特定领域、固化机制和外周刺激之间错综复杂相互作用的结果。此处的"外周"是指体外世界，也指身体之中除了大脑中与特定语言机制相关部分以外的其他身体部分。②

于此，我们的立场是，语言事实上不是一种自然的种类或范畴，而是一种附带现象，因此不是科学研究的妥当主题。③ 从这一角度来看，对我们的问题自然可以得出一个非常简单的答案：语言习得当然没有关键期，因为语言这一研究主题都不存在，由语言引申出的关键期就更不会存在了。这并非玩笑。我们想要强调的是，从语言层面上展开的 CP 讨论本质上是徒劳的。但我们也对以下主张感兴趣，即民间心理学所称为语言的一个或多个要素可能存在一个或多个关键期：可能存在句法或音系 CP，或者不同的 CP 可能会影响不同理论定义的领域，如不同时期的句法。（当我们研究母语习得中的 CP 假说时，我们会回来探讨语言模块化的问题。）

---

① 我们在此暂且使用固化这一术语，以便于描述大脑功能中相当狭窄的由基因决定的功能，同那些更依赖环境或随环境变化的大脑功能区分开来。当然，我们意识到，大脑可塑性往往比固化这一术语所指的更强，至少在发育早期是如此。请参见 Neville（1995）有关人类感知的一些示例。

② 我们在此强调，"外周"一词包括体内和体外刺激。该刺激可能是身体其他部位产生的某些激素，来自大脑其他部位的神经元的某些信号，或者来自身体外部的输入，如语言输入。

③ 我们承认这不是一个被普遍接受的立场，但我们并不相信语言习得文献中提出的整体论点，参见 Eubank 和 Gregg（1995）对一种反模块化立场的批评。有一个有趣的论点（该论点不会危及我们此处的立场）——将语言命名为一个连贯的本体论对象，参见 Hurford（1987：15-35）。

何谓关键期?

我们的另一个变量是术语 CP 本身。L2A 的一般文献,例如 Larsen-Freeman 和 Long(1991)或 Ellis(1994)的研究,对此并无太大帮助。这些研究仅仅探讨在某一时间点前后语言学习的相对难易程度。这些时间点多为青春期伊始,可能是大脑可塑性丧失的结果,也可能是大脑功能侧化的结果,等等。我们需要更为精准地确定何类现象可能会与 CP 这一概念相关。

首先,无疑我们谈论的是在发育过程中涉及中枢神经系统(central nervous system,CNS)某些方面的生理现象。更具体地说,CP 对我们而言涉及中枢神经系统的某些先天给定部分与来自外周的输入之间的相互作用。例如,尽管灵长类动物视觉认知的发展涉及建立于神经结构(Rakic,1991)产前起源期间的大脑机制,也涉及视觉刺激的暴露,这种暴露必须在相当短的时间,即 CP(例如,参见 Marler,1991)。对我们来说,先天结构和外周刺激之间的这种联系尽管不是 CP 的充分条件,却是必要条件:仅当成熟状态的发展在很大程度上受到相关神经结构和外周暴露时,CP 才会出现。④

其次,对我们来说,关键期涉及所谓的渠化行为。根据 Brauth, Hall 和 Dooling(1991)的说法,这些行为对于物种辨别和生存至关重要。Waddington(1975: 99)将渠化定义为"产生某一特定确切最终结果的能力,尽管在发展伊始的初始状况和在其过程中遇到的条件存在一定的可变性"。因此,CP 将会是这样一个发展路径的巩固期。在此期间,它很容易受到足够强大的外周影响而改变。基于 Waddington(1975)的概念,Andriew(1996: S25)展开了引人入胜的延伸讨论,认为渠化程度是先天性程度的标准:"基因型的生物特征的先天程度就是拥有该基因型实例的个体的发育途径被渠化的程度"。渠化和先天性的概念与语言习得的相关性随后变得更为明显。

最后,关键期和敏感期之间通常存在区分:一个是定义相对明确的机会窗口;另一个是有机体的逐渐低效,或外周输入有效性的逐渐下降。严格意义上说,前者才是 CP。正如 Hurford(1991)所说,这就像一座山脉和一座丘陵之间的区别。考虑到在实践中很难在这两种现象之间划清界限,它的用处也同样不多。稍后,我们将引入一个不同的区分标准,尽管我们可能会发现,在讨论能力习得方面,

---

④ 注意,我们仅于此处规定,以缩小要研究的现象范围。众所周知,几乎任何发展过程至少都必定会受到一些外周的影响。尽管如此,从关键期现象的集合中排除诸如性冲动伊始、括约肌控制的发展、牙齿的脱落和复位等现象似乎是非常值得的。如果该排除严格来说是任意的,也是在我们可忍受范围之内的。

它的用处同样有限。⑤

那么我们的问题：在成年人 L2A（形态音系和形态句法知识）的过程中，是否存在一些效应，可以归因于处于发展中的人类的一个或多个 CP 的存在？

涉及 CP 的神经过程

在阐明了我们对 L2A 中 CP 效应问题的方法之后，我们提出了一个更本质的问题：CP 现象的神经生物学基础是什么？我们发现大量相关信息不仅不出所料地来自非人类物种，而且也绝非完整。但我们相信，已知的信息足以让我们在评估关于 L2 能力的 CP 问题方面取得一些进展。

CP 通常被描述为（相对）可塑性时期。在此期间，相关领域可能发生变化。然而，可塑性一词可能有点误导，或者至少是没有启发性的比喻。毕竟，大脑不是一块随着年龄增长而变硬的肌肉。对我们来说，可塑性是神经元根据刺激建立新的、多样的连接能力。从这个意义上说，可塑的与固化的相反：固化连接是根据基因决定的指令进行的连接，很大程度上或完全不涉及外周。学习（当然包括某些特定语言的学习）在此意义上是大脑皮质可塑性的功能：相关认知区域的皮质神经元根据周边刺激形成新连接的能力。

然而，建立起的连接不一定是永久的。事实上，有机体生长和发育的一个基本层面为切断连接（Thompson，1993）。为了保持连接，连接的神经元必须同时激发，正如口号所说，"如果神经元一起激发，它们就会连接在一起"（Singer，1995）。因此，给定领域中 CP 的一个方面为形成与该域相关的新连接并保持这些连接的可能性。而在 CP 结束后，这种可能性会丢失。

CP 现象背后的神经机制仍然有些难以捉摸，但现有的实验室证据表明存在长期增强作用（long-term potentiation，LTP）和长期抑制作用（long-term depression，LTD）的双重过程——前者是一种会增加突触效率的活动依赖性变化，后者是一种会减少突触效率的活动依赖性变化。在许多大脑区域中被发现

---

⑤ 还有其他区分这两个术语的尝试。例如，Fox（1970）用 CP 来指代正常发育需要外周暴露的时期。而敏感期则是有机体特别容易受到有害刺激的时期，例如小鼠特别容易受到噪音引起的耳蜗损伤的时期（Henry，1983），相比之下，Moltz（1973）和 Krashen（1975）根据潜在的恢复效应将 CP 与敏感期或最佳期区分开来：生物体在敏感期后可能保留了足够的可塑性以允许恢复，但 CP 不允许这样的后续恢复。然而，正如 Colombo（1982）所指出的那样，由于在实践中难以确定脆弱性和需求之间的差异，或难以确定对行为的治疗性操作与基本生理变化之间的差异，这一论述实用性不大。更多关于后一点内容的研究见下文。

的长期增强作用显然是两者中被研究得更多的,且似乎特别受到称为 N—甲基—D—天冬氨酸(N-merhyl-D-aspartate,NMDA)的受体分子的调节。这些受体分子位于树突膜附近的位点的内部交流(例如,参见 Collingridge 和 Watkins, 1994; Haas 和 Buzsaki, 1988)。若忽略许多(可能很重要的)细节,总体情况似乎是,如果存在足够数量的特定神经传递刺激阵列,会导致 NMDA 受体变得活跃,而受体反过来又允许钙流过神经膜,最终导致突触效率的提高。至关重要的是,当 NMDA 的功能被阻断时,相关的神经元会对刺激产生反应,但 LTP 不会发展。总体来看,与 CP 相关的大脑区域需要特定质量和数量的外周活动(刺激)与包括 NMDA 机制的亚神经成分协调,以形成像 LTP-LTD 这样的持续反应模式。同样重要的是,NMDA 似乎涉及对新信息有反应的神经发展,但与该信息的后续表达或检索无关(Morris 和 Davis, 1994)。

毫无疑问,我们对神经机制细节的讨论过于粗略。但事实是,目前甚至还不知道 LTP-LTD 是否会在学习期间的自然(非实验室)环境中发生,也不知道这种实验室诱导下神经功能或形态变化会如何影响行为。事实上,尽管 NMDA 的作用已经在子代铭印的案例中被分离出来(讨论见 Morris 和 Davis, 1994),长期增强作用是否参与了超越标准长期记忆储存的习得过程,仍尚不明显。

尽管如此,目前的理解状况确实允许得出一些有限的、暂时性的结论,其中有些结论比其他结论更具推测性。最具推测性的是,按照 Kalil(1989)的观点,NMDA 类机制的缺失或存在可能将大脑(非固化部分)划分为两个区域。在这些区域中,可塑性在时间上是有限的,神经反应的长期稳定性在进化上是可取的。在其他区域中,可塑性基本上是无限的,神经对环境刺激的适应在长期上是可取的。在这方面,我们发现,在大鼠的体感皮层中,桶状细胞对来自振膜的触觉刺激进行重组的 CP 基本上与在这些细胞中可以诱发 LTP 的时期是一致的(Crair 和 Malenka, 1995)。然而,尽管这一发现可能令人振奋,要对它有十足的信心还为时尚早。

其他几个结论似乎不那么具有推测性。首先,也是最广泛的,只有在神经结构合流和随机暴露于相关一般类型的外周刺激(如视觉刺激)共同形成成熟状态时,才会出现 CP 现象。其次,如此发达的成熟状态对刺激的反应保持稳定。这种稳定状态可能与 NMDA 诱导的 LTP 或某些相关过程有关。最后,如果关键的发育成分——特别是来自外周的刺激或可能是 NMDA 类型的机制——在关键时间窗(即 CP)期间缺失或被阻断,那么通常的稳定状态将永远不会发展。在缺少外周刺激的情况下,人们会发现神经区域是无组织的和非特异性的。在这种架构中，用于神经相互交流的相关树突途径仍显著冗余。

非语言学关键期：一些例子

　　CP 在动物世界中并不罕见，也绝不仅限于人类世界。这一点需牢记。如前所述，我们对 CP 知识的了解，就像我们对大脑生物化学知识的了解一样，主要来自对非人类物种的研究，因为在这些物种中 CP 似乎无处不在。⑥ 关于这一现象最精确的神经生物学信息或许来自对眼睛面朝前方的哺乳动物，特别是猫科动物视觉认知发展的研究。猫在出生后，其成熟视力会有明显的发展。特别是现在人们已经知道，猫科动物的视觉皮层在出生时只是部分地组织成眼优势柱。这些眼优势柱的完整发育依赖于接触视觉刺激。这些刺激首先由视网膜上的神经节细胞接收，然后通过膝状核传递到视觉皮层。Hubel 和 Wiesel（1965）发现，当刺激被阻止到达视觉皮层时（如通过缝合闭上眼睛，参见 Kalil（1989）使用更精细的技术进行研究的总结），成熟状态的优势柱便不会形成。此外，该研究还表明，这些刺激必须在出生后约 3 个月的 CP 内到达视觉皮层。在 CP 后进入大脑皮层的刺激不会产生成熟状态的发育。⑦

　　其他的 CP 包括小鼠的触觉感知（Glazewski, Chen, Silva 和 Fox, 1996）和非洲爪蟾的交配鸣叫（Kelley, 1992）。对小鼠触觉感知的调查与 L2A–CP 问题相关。其原因如下：一方面，它们揭示了未成熟的中枢神经系统的可塑性——将幼鼠的所有触须都剪掉，只留下一个触须，会导致其余触须与相关皮质区域之间的神经连接模式与正常情况下明显不同。另一方面，已有研究表明，触觉感知的 CP 实际上（至少）是两个 CP，根据皮质层的不同而变化。从老鼠到人，以偏概全总是有风险的，但至少这种高度特殊化的 CP 现象可能会让我们在谈论语言能力的 CP 之前有所思考。

---

⑥ 例如，Bornstein（1989）在回顾 CP 现象时，讨论了 CP 对海兔感觉运动连接的影响，蚂蚁的茧偏好，小鼠对噪音引起的耳蜗损伤的易感性，小鼠的攻击性，鸭子的铭印，母体呼唤的定向，鸭胚胎、羔羊胚胎对母体雄激素水平的敏感性，猫科动物的皮质细胞特异性，猫科动物的（视觉）定向选择性，犬科动物的社交能力，犬科动物的领地意识，恒河猴的情绪和正常社交行为，斑胸草雀的铭印，斑胸草雀求偶行为（仅雄性），日本鹌鹑的铭印，有蹄类动物对幼年物种的反应，狐狸的初级社会化，大鼠的物体接触，大鼠对钠的味觉敏感性，大鼠的社会化、大鼠的"粗暴游戏"（仅雄性），小鸡的物体吸引力，沙禽对刺激的反应，乌龟的男性化——女性化，金莺的产卵和识别，鸣禽的正常鸣唱发育，海鸥的铭印，等等。

⑦ 有趣的是，Neville（1995）指出，视网膜本身的视觉过程也受到 CP 的影响，CP 的持续时间比影响新皮层处理的持续时间短得多。

非洲爪蟾的交配叫声说明了 CP 现象的另外两个重要参数：对刺激敏感的程度和持续时间，以及可以在没有损失的情况下补偿缺乏刺激的持续时间。Kelley（1992）和其他人对敏感期和 CP 进行了一个有趣的区分。这种区分的优点是不受 Hurford（1991）的模糊性指控的影响：敏感期是指外周刺激可以对机体产生永久指导作用的时期；CP 是指由于缺乏刺激而产生的负面影响仍然可以通过恢复或提供刺激来克服的时期。正如 Kelley（1992）所指出的，这个定义考虑到 CP 可以持续超过敏感期结束的可能性。Kelley 发现，如果植入雄性性腺，青春期的雌性青蛙（而非成年雌性青蛙）可以习得雄性的发声模式。被阉割的雄性——因此被剥夺了雄性发声所必需的睾丸雄性激素——在注射雄性激素后仍能适当发声，直到发育的后期阶段。因此，Kelley 得出结论，"雄性激素拯救雄性求偶歌声的 CP 一直持续到成年期"（1992：184）。⑧ 我们在本章的最后再回到这个区别上来。同时，我们继续使用 CP 更为广泛接受的含义，并且忽略并无益处的敏感期一词。

鉴于各种非人类动物中 CP 的丰富性和多样性，如果人类中没有 CP 将令人惊讶。事实上，无论是语言能力还是在其他领域，都存在可用的证据。Bornstein（1989）在他的综述中讨论了人类的脂肪细胞的复制和婴儿猝死综合征。然而，在人类中最明显的例子是视觉，从出生到 6 岁左右是一个 CP。在此之后，提供先前延迟的视觉刺激将无济于事。对于患有先天性角膜混浊的人，已经开发出晶状体移植手术来恢复眼睛的物理介质。然而，如果在患者是青少年或成年人时进行相关手术，那么视觉功能将无法恢复（Artola 和 Singer, 1994; Thompson, 1993）。与其他动物（猫科动物、灵长类动物等）的神经生物学信息相比，这类证据不太令人信服，因为在生理学上不够详细。尽管如此，这些病例与其他哺乳动物病例之间有如此惊人的相似之处，以至于 CP 的想法变得非常有吸引力，尤其是在没有任何其他合理解释来说明晶状体移植成功率不同的情况下。

关键期与第一语言习得

那么语言能力呢？当然，这正是人们可能期望 CP 具备的那种能力：它显然是被严重渠化的，其成熟状态的发展显然取决于外周刺激和固化神经结构的重要

---

⑧ 情况实际上更复杂：阉割的幼蛙虽然可以习得雄性颤音率，但是在实现正常幅度调制方面不太成功。即使在青蛙中似乎也存在模块化。

影响。⁹ 即便如此，到目前为止，我们看到的所有例子都无法与为人类分离特定语言 CP 的难度相提并论。不仅出于显而易见的伦理考虑，排除了非人类参与者可以进行的种种实验操作，而且有相关现象集合的极端复杂性，也就是语言。此外，语言能力的关键组成部分的发展涉及大脑机制。而这些机制本身可能与语言问题几乎没有关系。因此，例如，习得口语的孩子必须有正常的听觉系统，而习得手语的孩子必须有正常的视觉系统。鉴于在这些感知系统中可能存在 CP 效应——之前回顾的证据表明至少在视觉方面是如此——我们必须面对这样一种可能性，即看起来是语言能力的 CP 现象只是非语言感知 CP 的附带现象。

最后，我们必须重申，语言，甚至语言能力，作为研究的分类来说有些过于粗略，模块化需要对语言能力进行更精细、详细的分析。令人高兴的是，在这一点上，脑科学和语言学理论似乎正在朝着达成共识的方向发展，尽管该共识仍然非常广泛。一方面，神经语言学研究，例如 Neville 及其同事的研究（Neville, Nicol, Barss, Forster 和 Garrett, 1991; Shao 和 Neville, 1996）提出，在最近的语言学理论所分类的语法异常类型中，大脑处理存在定位差异，而对特定语言障碍的研究揭示了某些个体的高度特异性缺陷（例如，Clahsen, 1989; Gopnik, 1990; Rice, 1991; Van der Lely, 1996; Van der Lely 和 Ullman, 1996），同样可以在特定的语言学理论中进行分类。另一方面，如 Webelhuth（1995）那样的语言学理论表明，语言能力在理论上有必要分解成独立的组成部分。只要语言子成分之间的这种区分在理论上和经验上能够得到证明，就不能排除以下可能性：语言能力可能存在多个 CP，可能时间不同，或语言能力的某些成分（模块）可能受制于 CP，而其他成分则不受影响。

尽管伦理限制排除了对人类参与者的侵入性实验，有一些"自然实验"（幸运的是这很少见）揭示了在退化或缺乏刺激条件下语言发展的大量信息。最著名的案例当然是 Genie（Curtiss, 1977, 1988）。她从 1.6 岁到 13 岁之间完全没有语言输入。与此相关的是，她在获救后被送入机构的那几年语言习得呈现出不同的性质：她在语言的某些方面取得了重大进展，而在其他方面则绝对没有。例如，一方面，她的词汇量急剧增加，她的交际能力也在增加；而另一方面，她的语调

---

⑨ 一些 CP 现象的分析家试图提出其他标准（通过这些标准可以识别和归类 CP 效应），例如，Bornstein（1989），Colombo（1982）。Bornstein（1989）的标准是我们发现的最广泛的标准之一，包括 5 个"结构"特征（发展时期、开始、偏移、持续时间、渐进），3 个涉及机制的特征（经验、系统、路径），以及 4 个涉及的后果（结果、方式、结果条件、持续时间）。我们不讨论语言能力中假定的 CP 效应与 Bornstein 标准之间的匹配。目前我们没有发现任何证据表明后来审查的结果超出了这些作者所描述的 CP 定义参数。

仍然很奇怪，永远无法创造一个嵌入的句子或一个语法 wh- 疑问句。鉴于 Genie 长期遭受虐待和剥夺，如果她在学习英语方面全盘失败也就不足为奇了。但没有理由预测她在学习新名词和动词的同时无法掌握结构依存的概念。换句话说，Genie 的句法缺陷似乎更有可能归因于在关键期缺乏输入，而不是因为输入被恶意抑制了。

还有一些在没有虐待的情况下语言被剥夺的案例，即没有为那些父母听力正常的先天性聋哑儿童提供手语输入，或在若干年后才提供。与 Genie 相比，一个极端案例是 Chelsea（参见 Curtiss, 1988, 1989）。她在幼年时被误诊为弱智或情绪紊乱，在 31 岁被重新评估时才发现是聋子。Genie 的话语至少有时似乎具有正常 2 岁儿童的结构复杂性（例如，Another house have dog，"另一个房子有狗"）。而 Chelsea 的话语似乎几乎没有结构（例如，Breakfast eating girl，"早餐吃女孩"）。Gleitman 和 Newport（1995）注意到 Genie 的发展与 Chelsea 的发展之间的差异，推测 CP 可能有一个中间的"边缘"时间，在此期间，部分发展是可能的——一些研究人员将其称为"敏感期"。因此，他们认为，Genie 的语言习得是在边缘期（即 0—1 岁，6 岁，13 岁以上）进行的，而 Chelsea 错过了整个 CP。与大多数敏感期与 CP 的区分一样，这一区分似乎含糊不清，仍旧不如人意。[⑩] 更重要的是，它掩盖了一种更耐人寻味的可能性，即语言能力有多种 CP，其时间进程各不相同。换句话说，有可能 Genie 只错过了一个影响功能范畴投射（如时态和一致）的 CP，而 Chelsea 则同时错过了这个 CP 和一个影响更基本句法关系的 CP，如 X-bar 理论。当然，这不过是一种猜测，并且是一种事后猜测。但它的优点是与语言能力的精确表征有关，并且有强大的独立理论证据。它的另一个优点：至少在原则上，是可以被经验检验的。我们随后会再次讨论这一猜测。

Chelsea 是一个相对常见的语言剥夺案例——尽管是一个极端案例，即父母听力正常的先天性失聪儿童。这些孩子中虽然很少有人像 Chelsea 那样需要等待很长时间才能习得语言输入，但他们在最初定期提供手语刺激的年龄上存在很大的差异。这使我们有可能通过比较最终能力和初始接触年龄来确定 CP 的界限。一个著名的研究来自 Newport（1990）。他研究了 3 组美国手语（American Sign

---

⑩ 存在与 Gleitman 和 Newport（1995）建议的边际期不完全不一致的解释，涉及修改 CP 效应的明显能力。因此，Bornstein（1989）指出，CP 效应可能会通过各种方式潜在地减少、延长、甚至恢复或完全消除，包括相关神经递质的消耗或输注、隔离、压力、生殖器刺激、黑暗饲养。与此特别相关的显然是 Genie 回溯发现环境的极端剥夺。这很可能导致她的 CP 发生变化。尽管如此，这种解释仍然与 Gleitman 和 Newport（1995）的解释一样不精确。

Language，ASL）的学习者：第一组从幼儿时期开始接触 ASL；第二组在 4 — 6 岁开始接触 ASL；第三组仅在 12 岁之后才接触 ASL。3 组手语学习者之间的差异很有趣：那些自幼儿时期起就接触 ASL 的人（第一组）表现出类似于母语者的能力，正如预期的那样；第二组表现出普遍的高水平，只有细微的缺陷；但晚期学习者（第三组）的表现明显不足，其问题与 Genie 的问题相似（如功能形态学的问题）。这些研究结果与 Genie 和 Chelsea 等特殊剥夺案例的研究结果完全吻合。同样地，它们似乎与 CP 影响母语能力发展的观点一致。

当然，Newport（1990）的结论并未被普遍接受。但他们在 Neville（1995）报告的一项研究中找到了支持。该研究还对先天性聋哑的成年手语者进行了研究——他们第一次听到口语（英语）是在生命的后期。与 Newport 不同的是，Neville 和她的同事采用了事件相关脑电位（event-relatedpotentials，ERP），即一种测量不同大脑区域电活动的方法。据发现，早期正常接触语言刺激的成年人对不同类别的单词有不同类型的反应活动：开放类词（名词、动词、形容词）引发 350 毫秒（N350）的负电位，在两个半球的后部区域最明显；但语法功能词（冠词、连接词、辅助元素）引起 N280 的反应，定位在左半球的前部颞区。值得注意的是，这种 N280 反应只出现在早期接触的参与者身上，尽管不同的参与者对开放类词汇的反应没有差异。Neville（1995）的研究结果与 Newport（1990）的结果一样，与 CP 影响类母语语言能力的发展，或至少影响该能力的某些方面的观点是一致的。我们再一次在语言领域看到了明显的模块化区别。

鉴于语言现象的复杂性和限制对人类参与者进行实验研究的伦理考虑，我们也就无法提供更具体的生理学证据来证明在语言能力习得中存在 CP 了。需要强调的是，这些困难绝不是这类研究所特有的：一方面，几乎任何形式涉及人类参与者的调查都充满了道德风险——例如，至少在美国，研究人员必须说服学术监督机构，在习得实验中"教"儿童无意义的单词不存在危险。另一方面，认为有某种方法可以直接观察任何具有科学意义的自然现象的想法是天真的。无论是在心理学还是地质学中，我们都必须要间接地从我们可以观察到的现象推断出我们无法观察到的现象（Bogen 和 Woodward, 1988）。如果我们能以某种方式直接观察大脑，我们的猜测是，只有在有后期暴露的参与者的情况下，由于环境刺激（语言输入）失败而导致相对无组织和过度冗余的神经互连会选择某些连接，而不是其他连接。我们无法进行如此直接的观察——不清楚我们未来是否能这样观察——但我们确实有相对有用的非侵入性技术，如 ERP，可以给我们提供高度提示性的信息。

要补充的是，并不是说我们一定要认为 ERP 数据比不太高科技的方法有优势。当然，选择更敏感的仪器只是常识。但一定要牢记，倘若不知道我们在研究什么，收集任何一种数据——高科技或低科技，行为或生理数据——都是没有意义的。我们不是从脑科学，而是从语言学理论中找寻要研究什么。Newport（1990）和 Neville（1995）使用的开放类与封闭类区分虽相当粗略，但仍有理论关怀；接下来我们用更具体的理论术语来重塑这一区分。

关键期与第二语言习得

在研究成年人 L2A 时，试图确定是否存在母语（native language，在本章用 L1 指代）能力的 CP 时遇到的困难被放大了。也许最普遍的困难是要把问题适当地概念化。⑪ 我们可以简单地把所有事情隐瞒起来，可以指出：正如在这种讨论中经常做的那样，正常的成年人没有错过他们的 L1 关键期，他们对 L2 输入的反应不像 Genie 或 Chelsea 对 L1 输入的反应那样。因此，人们可以得出结论：对正常的成年人来说，这个问题是存在误导性的。另外，鉴于几乎所有成年学习者都非常可悲地无法变得与周围 L2 社区的成员一样，可以认定，一定存在影响 L2 能力的 CP。换言之，有以下两种可能：（a）成年人 L2A 中显然不存在 CP 效应；（b）显然存在 CP 效应。

我们认为有一种方法可以解决这个看似矛盾的问题，即前面提到的一些神经生物学方面的考虑。例如，一旦一个 CP 过去了，某些在此 CP 期间可用的可能性会被排除，某些可塑性会消失。倘若承认第一语言习得（first language acquisition，L1A）有一个（或几个）CP，那么问题如下：稳定、成熟的语言能力状态是否可以被新的语言刺激所改变？如果可以，其改变程度如何？这个问题至关重要，因为这两种情况下的神经结构存在巨大差异：在 CP 完全被错过的情况下，就像我们假设的 Chelsea 的情况一样，相关的神经结构可能是无组织的和非特异性的，相关神经互通的树突通路仍然是明显冗余的或根本不可用的。但在成功经历 CP 后暴露于二次刺激的情况下（如成年人 L2A），神经结构已经建立了。因此，我们预测，二次语言发展将导致成年学习者的神经结构发生变化，其变化规模远比儿童接触前状态和成熟状态之间的那种根本性变化要有限。

---

⑪ 我们立即否认的一个概念化的现象是，心脑的特定语言机制是仅影响 L2A-CP 的基础，即独立于 NL 习得的 CP。事实上，进化的各种方式被认为会导致跨物种的 CP 效应（参见 Bornstein, 1989; Hurford, 1991），似乎都阻碍了只针对 L2 能力发展的 CP。

前面提到的神经生物学证据表明，后 CP 大脑区域已经有了显著的稳定反应（换言之，缺乏可塑性）。我们推测这种稳定状态可能与 LTP–LTD 等过程有关。例如，在视觉方面，研究表明，如果不接触源自视网膜并通过外侧膝状核到达新皮质的视觉刺激，视觉皮层就不会发育。然而，最近对成年（即后 CP）猫科动物和灵长类动物的视觉皮层的研究（Gilbert 和 Wiesel, 1992; Pettet 和 Gilbert, 1992）表明，事实上，已经发育区域的皮层活动可以随感觉输入的变化而变化。Gilbert 和 Wiesel（1992）通过损伤视网膜来消除视觉输入，然后测量感受野的变化。有趣的是，几个月过去后，最初因病而沉默的新皮质区域变得活跃。这些区域开始对原先只激活周围区域皮质细胞的刺激产生反应（参见 Zohary, Celebrini, Britten 和 Newsome, 1994）。

诸如此类的研究结果并不能证明 CP 效应是无效的或完全可逆的。因为所观察到的变化是成熟状态的神经接受能力的变化，而非在从接触前状态到成熟状态的变态中观察到的变化幅度。然而，这些发现确实表明，在一个事先知道会受到 CP 影响的大脑区域中，后 CP 的变化实际上在有限程度上是可能的。换句话说，一个神经区域的成熟状态并非完全无法通过改变外周暴露而改变。这一观点在一定程度上存在神经生物学支撑。如果有可能将这种发现扩展到语言能力中，我们可以得出结论：基于先验的神经生物学基础，不排除存在从一种语言能力到另一种语言能力的成熟状态变化。

一方面，有令人信服的证据表明 CP 对 L1A 有强大的影响。另一方面，此处讨论的证据表明后 CP 的一些区域的可塑性有限，而且存在无数的成年人中等、有限的 L2 学习能力的案例。我们可以得出结论：CP 影响 L2 知识的证据与 CP 影响 L1 知识的证据不尽相同。在像 Genie 或 Chelsea 这样的病理案例中，行为反射与正常母语者的行为反射存在严重差异。这种差异反映了 CP 效应。对于正常的成年 L2 学习者，相关的神经结构已经高度组织化，因此任何新的外围刺激（即不同语言的输入）的影响应该更像 Gilbert 和 Wiesel（1992）发现的那样，仅有相对较小的变化。换句话说，我们预估他们既不像母语者那样掌握 L2（学习者毕竟已经过了 CP），也不像 Genie 或 Chelsea 在第一次学习时表现出对 L2 几乎完全无能为力。对于成年人 L2A，我们需要寻找行为反射。这些反射的范围可能相对较小，因此需要精细的检查。

我们必须指出，必要完善的一个重要来源是语言学理论，对我们来说是生成语言学理论。虽然在这个理论框架之外，存在关于年龄和最终 L2A 之间关系的重要研究（例如，Long, 1990, 1993）[12]，但这项研究缺乏描述工具来足够精确地区分 L1 和 L2，因此无法对学习者的各个能力提供充分的解释。我们在此参考的 L2 研究都有一个关键假设，即对 L1A 来说必不可少的先天特定领域的神经生物学结构只不过是语言学理论所称的通用语法（Universal Grammar，UG），参见 Chomsky（1995），Cook 和 Newson（1996）。基于这一假设，这些研究探讨了成年 L2 学习者的语法是否受制于 UG——是否像人们经常（不恰当地和误导地）表达的那样，成年人仍然适用 UG。尽管没有多少研究明确地谈到 CP，但也可从 CP 的方式来探讨，且不会有太大偏差。我们重新审视的逻辑：如果 L1 存在 CP，那么 L2 的语法就应该在 UG 所允许的语法范围之外；而如果不存在 CP，那么这些语法就应该受到 UG 约束。[13]

迄今为止已进行了许多研究，但研究结果并未一致指向任一结论。例如，Clahsen 和 Muysken（1986）及 Schachter（1989）认为，成年 L2 学习者的语法不属于 UG 所涉及的范围。Johnson 和 Newport（1989）的观点与此相一致，认为成年 L2 学习者的成熟状态阻碍了 L2 的全面发展（另见 Johnson 和 Newport，1991；Johnson, Shenkman, Newport 和 Medin, 1996）。与此相反，Schwartz 和 Sprouse(1994, 1996)等人认为，L2 语法完全受 UG 约束。White 和 Genesee（1996）在最近关于最终习得的研究中提出了一种中间立场，即 UG 原则上可以适用于成年 L2 学习者，因此不存在影响 L2A 的 CP。White 和 Genesee 在他们的研究结果中确实发现了明显的年龄效应，但并没有试图解释它们。或许由于该研究过新，White 和 Genesee（1996）的研究还没有被独立检验过。我们很快就会对它进行更详细的讨论。然而，完全适用和不适用的立场都受到了挑战。对于 Clahsen 和 Muysken（1986）的研究，duPlessis, Solin, Travis 和 White（1987）给出了出众的答复。他们重新解释了 Clahsen 和 Muysken（1986）的数据，并得出结论：UG 确实适用于 L2 学习者。Vainikka 和 Young-Scholten（1994，1996）的发现也

---

[12] 在早期关于成熟效应（即 CP 效应）对 L2 发展的讨论中，人们关注的问题之一是"截止点"。因为超过这个点，学习者将无法达到与母语者相当的最终状态。在这方面，值得注意的是，虽然 CP 的开始通常是相当突然的，但在非人类物种和其他影响人类的 CP 中，CP 偏移通常是渐进的。例如，影响人类双眼视觉发育的 CP 的开始出现在大约一个月的时间段内，而偏移持续大约 5 年。同样，斑胸草雀的铭印 CP 的开始仅占其生命早期很短的时间，但它的偏移却一直持续到青春期。参见 Bornstein（1989）和 Colombo（1982）关于起始和偏移长度的进一步讨论。

[13] Flynn 是外显理论家之一。她认为进入 UG 就意味着没有 NL 习得的 CP。见 Epstein, Flynn 和 Martohardjono（1996），Flynn 和 Manuel（1991）。

可以被解释为 Schachter 研究中的参与者尚未习得她的结论所关键依赖的句法预测（IC, CP）。同样，Martohardjono 和 Gair（1993）认为，至少 Schachter 的一些被试可能早已习得句法表征，这将完全破坏她关于 UG 适用与否的结论。对于 Johnson 和 Newport（1989）的研究，Kellerman（1995）认为它存在许多方法论和概念上的缺陷。我们可以补充，Johnson 等人（1996）的结论是基于一个有限、肤浅的形态句法现象的收集，而作者并没有讨论这些现象与 UG 的关系。最后，对于 Schwartz 和 Sprouse（1994，1996）的分析，Eubank（1995）和 Meisel（1996）认为，他们提出的数据并不能有力地支撑他们的观点。

这种关于 UG 适用性的极端观点受到抨击并不奇怪。毕竟，成年人尽管一般不是特别成功的 L2 学习者，也不是完全失败的。Felix（1995）提出了一个类似的观点。我们已经注意到，后 CP 的 L1A 和后 CP 的 L2A 之间存在巨大的结构差异；仅这一差异就表明，在后一种情况下，像完全适用和不适用这样明显粗略的效果并不是特别合理。事实上，我们认为关于适用的争论在很大程度上被误解了。这两个极端的立场无论是完全适用还是零适用，显然与证据不相容；任何仅仅在两者之间确定一个位置的说法，如相当容易适用或不太容易适用，都会过于简单，没有任何的解释价值。[14]

然而，如前所述，White 和 Genesee（1996）需要更详细的处理（部分原因是该研究更新近）。White 和 Genesee 致力于寻找（主要是）法语国家的英语学习者，且他们的 L2 整体水平尽可能地接近母语者。在这个意义上，这项研究很容易让人想起 Coppieters（1987）和 Birdsong（1992）的知名研究，尽管 White 和 Genesee 采用的不是 Coppieters（1987）那种仅凭印象的方法来挑选参与者，而是基于具体标准来确定接近母语的水平。在找到这样的样本后，White 和 Genesee（1996）用两种方法——空范畴原则（Empty Category Principle，ECP）和承接条件检查了这些被试的 UG 效应，即在他们的 L2 中的作用：其一为一个在计算机上呈现的语法判断任务，同时测量反应时间（直到作出判断前的时间长度）；其二为一个标准的问题形成任务，要求参与者将 Wh- 单词前置，包括脱离强孤岛（在这种情况下产生的 Wh- 问题在英语和法语中都是不合语法规范的）。至关重要的是，White 和 Genesee 通过研究 UG 效应，避免了英语和映射法语（大

---

[14] 一个有启发性（尽管可能比较令人震惊）的近期例子，见 Epstein, Flynn 和 Martohardjono（1996）。Epstein 等人是许多 L2A 研究者的典型。他们在总、部分或零的简单化的 Goldilocks 般的框架内进行适用性讨论。有关 Epstein 等人的详细批评，见 Bley-Vroman、Eubank、Gregg、Schwartz 和 White 等人对 Epstein 等人的文章发表的评论。

多数参与者的 L1）之间可能存在的混杂问题，因为这两种语言表现出的映射基本相似。他们接近母语的 L2 组的结果，特别是在语法判断任务上的结果表明，与以英语为母语的对照组不存在统计学上的显著差异，也不存在年龄的影响。尽管 White 和 Genesee 承认，在非精通的参与者中存在年龄影响和明显的语法障碍，来自近乎母语组的研究结果促使他们得出结论：UG 适用性不会随着年龄增长而下降，也不存在影响 L2 能力的 CP。

从表面上看，White 和 Genesee（1996）的研究可能只是提供了一种证据，表明我们之前预测的神经结构的离散变化是由二次语言暴露引起的。换句话说，即使存在影响 L1A 的 CP，在初级语言暴露后发展的神经结构也可能是这样的，即二级语言暴露可以带来任何必要的变化。与此同时，White 和 Genesee 对任务的选择，以及他们只选择了接近母语水平的 L2 参与者，也可能导致发现的结果并不完全具有启发性。事实上，我们在后面的建议是，在研究 L2A 的 CP 问题时，这种特殊的组合很容易产生提供误导性线索的结果。

为了理解这一观点，可回顾前面引用的关于 CP 效应在不同物种间的可调节性的研究，特别是从这些效应中明显恢复的研究。Colombo（1982）在他的概述中提出，治疗性干预后出现的恢复效应与特定的 CP 是否在原则上习得的问题无关，因为治疗可能只是掩盖了潜在的生理 CP 事件。更有趣的是，Colombo 指出，CP 效应在生理学的研究中比在行为学的研究中更有力。例如，在 CP 影响猫科动物方向选择性的研究中，许多研究表明手法疗法可以促进恢复（至少部分），但没有研究表明这种治疗对受 CP 影响的潜在神经基质会有任何影响。Colombo 本人的建议是，可以训练有机体使用不受 CP 影响的次级神经机制来完成简单的定向任务。

带着 Colombo（1982）的观点，我们现在回到 White 和 Genesee（1996）的研究。其一，值得注意的是，White 和 Genesee 考察了元语言意识无可否认非常高的参与者，无论那些有能力从接触中提取信息的参与者接触的是初级语言学数据（输入）还是其他。其二，与此相关的是，White 和 Genesee 用刺激性句子研究了 UG 效应。这些句子并不明显要求学习者得出超出其接触（或其接触和 L1 知识的某种结合）的语法结论。换言之，严格来说，他们没有研究不充分决定效应，因为他们的参与者的英语知识很可能来自 L1 语法而非 UG。

将这两点放在一起，接近母语的参与者给出的回答可能反映的不是在 L2 语法构建中对 UG 本身的适用性，而是 L1 知识与高级元语言技能的结合。为这种替代解释增加了一定程度的合理性是 White 和 Genesee 测量方法的性质：当然，它们是行为测量，而不是生理测量。正如 Colombo 所指出的，行为测量，如 White 和 Genesee 的测量，很可能会错过神经基质中的相关影响；而生理测量则不会。（后来，我们在一项 L2 研究中发现了 Colombo 在猫科动物研究中发现的那种生理行为分裂。）因此，我们虽然对 White 和 Genesee 的结果没有异议，但是也无法从这些结果中得出 White 和 Genesee 的结论。他们把结果解释为存在与 UG 相关语言能力的 CP 的反对证据。然而，在缺乏生理学证据的情况下，我们只能得出这样的结论：如果存在语言能力的 CP，它在某些情况下可以被克服。

因此，我们建议，包括 White 和 Genesee（1996）在内的适用性研究可能并不完全是有成效的，因为他们的潜在期望——有 UG 或无 UG，并未得到 CP 现象适用于 L2 能力方式考虑的充分支持。从一些研究中可以看到一种更有利的处理方式，可能更符合我们对研究问题的构建。这些研究考察了参数（重新）设置在 L2A 中是否可行。毕竟，正是参数及其各种设置造成了自然语言之间的关键差异；而习得目标语言的适当参数值对于成功习得该语言至关重要。与此同时，成功或失败地习得一个特定的参数设置会导致学习者相对有限的行为反射：恰恰是我们之前建议的那种微妙的行为反射，将是在后 CP 习得中期待的证据。

第一眼看来，L2 参数（重新）设置的研究似乎也给出了与困扰适用性文献一样模棱两可的发现。例如，许多这样的研究（参见 Eubank，1992；Tomaselli 和 Schwartz，1990；Vainikka 和 Young-Scholten，1994，1996；Mueller，1996）表明，成年 L2 学习者可以成功地重置决定基本关系的参数，如 OV 与 VO。对于诸如确定动词提升的参数（例如，White，1990，1991），类似的结论最初看似合理，但进一步的分析表明存在重大困难。特别是，这些数据表明了母语和目标语言都不允许的句法可选水平（White，1992：285）——事实上，在某些情况下，这种水平可能不被一般的 UG 所允许（Eubank，1995）。

如何看待这种明显矛盾的结论？当然，像往常一样，可能存在短期解决方案：例如，人们可以争辩说，反对 UG 适用性的证据是人为的，基于不充分分析，可能涉及从正面数据中可学习性的问题。此外，人们可以通过诉诸与语言无关的简单学习机制，或至少与 UG 无关的简单学习机制来反对参数重置明显成功的证据。这种争论当然没有任何不正当的地方。事实上，它们往往是有道理的，在特定情况下甚至是令人信服的。尽管如此，我们仍希望能够超越这一层面的争论，并尝试对问题进行不同的概念化。

先要考虑一下我们认为"无访问"立场的一个基本问题：这一立场实际上是假设 UG 只是一种语言习得装置（language acquisition device，LAD），实际上是早期转换语法的 LAD。因此，一旦特定的语法（英语、斯瓦希里语等）在学习者的心中或大脑中构建起来，它就可以有效地被抛弃。⑮"无访问"立场必须以这种方式设想 UG。否则，它将无法解释，一旦 UG 淡出舞台，我们如何继续使用我们的 L1。

这种将 UG 简单地视为语法构建机器的观点是完全合理的。但不幸的是，在过去 15 年左右的时间里，生成语言学家并不持有 UG 的观点。自从引入了所谓的管辖与约束（Government and Binding，GB）理论（Chomsky，1981），并在最简方案中继续（Chomsky，1995），语言特定的规则就被视为更抽象的原则和参数的附带现象指数而已。英语学习者并没有习得特定的被动化规则（或疑问词移位规则等）；相反，输入导致相关参数的设置，而诸如被动化之类的特定现象只是作为该参数设置的逻辑结果而消失。这意味着，尽管（原则上）可以根据原则和参数编写英语语法，就像可以编写构成传统参考语法的那种规则列表一样，这样的语法不会比传统参照语法更具有心理现实性。以英语为母语的人的脑中没有"英语语法"；相反，有一套原则和一套参数，其特定值是由于接触到某些类型的输入而设定的（当然还有一个包含大量特殊形态句法和语音信息的词库）。换句话说，母语人士确实体现了 UG 的一个可能的版本。如果是这样，那么我们就没有办法抛弃 UG 而仍然发挥语言功能：为了解释 John 希望 Bill 介绍自己（John wants Bill to introduce himself）中的他自己（himself）的指称，听者不能使用英语语法规则，而必须使用特别为英语设定的约束理论和管辖范畴参数。

因此，在我们看来，不适用的立场实际上就是"不接受 UG"的立场，至少在我们接受当前的 UG 概念的情况下是如此。当然，一个一致的立场：要么赞同仅作为 LAD 的 UG 理论，要么拒绝将 UG 本身视为错误或附带现象的想法。然而，我们不赞成这两种立场，也不在此讨论它们。参见 Eubank 和 Gregg（1995），以及 Gregg（1996）对基于 UG 的 L2A 理论的一些建议替代方案的批判性讨论。但在论证了 L1A 中的 CP（并考虑到 L2A 普遍失败的问题）后，我们显然也不能接受"完全适用"的立场。然而，目前的 UG 理论可能会给我们提供一种方法，让我们接受 UG 在 L2 的学习和使用中的作用，同时解释其局限。

从 Borer（1984）开始，一直到今天的研究（如 Chomsky，1995），一个共同的理解是，跨语言变体（参数）的位置不是在句法本身，而是在词汇。参见动

---

⑮ Bever（1981）对此进行了论证；Bley-Vroman（1990）承诺自己的路线大致相同。然而，Bley-Vroman 指出，该想法不适用于（当时新的）GB 理论：例如，约束理论的原则对于日常处理是必要的。

词提升的情况，这种参数性的差异表现，如英语和法语之间在语法上的区别，有以下几种：

(1) a. John often drinks coffee. 约翰经常喝咖啡。
b. *John drinks often coffee. 约翰喝经常咖啡。

(2) a. *Jean souvent boit du café. 琼经常喝咖啡。
b. Jean boit souvent du café. 琼喝经常咖啡。

在（1）和（2）这样的对比中，我们发现（限定的）主要动词与宾语在法语（类似语言）中似乎被副词分开，但在英语（类似语言）中（限定的）主要动词必须保持与宾语相邻。在省略相当多细节后，对（1）和（2）之间差异的基本解释涉及动词移位，其表示形式如（3）所示：

(3)

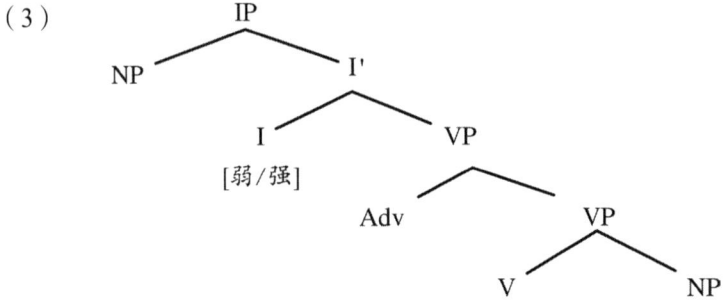

在（3）中，表示时态一致形态的抽象特征起源于词汇，位于 I 下的句法中。在法语中，这个特征的值是 [强]；而在英语中，这个特征的值是 [弱]。动词从其在 VP 中的基本位置 [如（3）所示] 到 I 的移位对 I 下的词性特征的值很敏感：如果词汇特征的值是 [弱]，则不允许动词提升，因此动词仍保留在与其对象相邻的 VP 中。然而，如果词汇特征的值为 [强]，则动词必须从其在 VP 中的潜在位置经过副词上升到 I，从而导致动词与其宾语分离。⑯

有趣的是，这种对参数化的最新理解割裂了 UG 本身与词汇信息（如动词屈折变化特征）之间的关系，导致出现跨语言变异。换句话说，参数值在一定程度上与 UG 是分开的。的确，在这种观点下，儿童的初始状态只是 UG 的原理和参数，而没有词库中提供的任何信息。因此，孩子在习得过程中的任务将主要涉及确定句法中报告的各种词汇特征值。

更有趣的是，这种观点允许人们设想特定语言病理缺陷的可能性，因为它不

---

⑯ 出于说明目的，这种说法被简化了。在像 Pollock（1989）这样的分析中，什么允许动词提升和什么使得动词提升成为强制性是不同的事情。然而，参数变化位于词汇中的想法是贯穿始终的。

涉及 UG 本身，但涉及参数值。想象一下一个只缺乏适当词汇值的语法。在这种情况下，大多数语法功能将以常规方式运作：动词将作为动词短语投射，名词作为名词短语投射，而动词仍然需要某些主语和补语，等等。但我们预计在中心语移位（如动词移位）和 XP 移位（如 NP 或 Wh 短语）方面会失败。用我们的例子来说，如果语言中动词屈折变化的 [弱] 或 [强] 值未能在 INFL 下报告，那么语法将不会被限制为强制移位或强制不移位。现在，据我们所知，自然语言中不存在可选择的动词提升：动词移位要么是必需的（屈折变化值为 [强]，如法语），要么是禁止的（屈折变化值为 [弱]，如英语）。因此，我们假设的病态语法在自然语言中是例外的。但至关重要的是，它不会违反 UG。换句话说，L2 学习者仍然可以使用承接条件，ECP 和其他 UG 原则也是如此。学习者的内部 L2 语法不会是 Finer（1991）意义上的"流氓"语法。这与 Chelsea 或 Genie 的"语法"截然不同。

词汇参数的概念，区别于原则和参数理论中的句法参数，显然需要进一步阐述，特别是对词汇本身进行更有区别的说明。当然，这方面的研究正在发展中，例如，Webelhuth（1992）进行了一次雄心勃勃的尝试。然而，对于目前的讨论来说重要的是，我们假设的说话者缺乏表示句法相关词汇信息的能力被证明是真实的：在某些 L1 病症的情况下，这些词汇信息的组成部分似乎容易受到损坏或丢失。例如，Gopnik（1990）认为，在某些特定语言障碍（Specific Language Impairment, SLI；另见 Rice, Wexler 和 Cleave, 1995）的情况下，在名词短语中具有句法后果的词汇特征值是缺失的。重要的是，这些说话者的句法表征是受制于 UG 的，但由他们的语法生成的一系列表面语法结构可能是自然语言中未证明的类型。

可以将这种缺失模型应用于成年 L2 学习者。鉴于关键的语法信息位于高度分化的词汇中，并且假设该信息的某些组成部分容易在（特殊）母语人士中丢失，我们可以很容易地设想出一个 CP，将影响成年学习者表达词汇中重要句法方面的能力。事实上，Beck（1996）遵循 Beck（1997）提出的一般概念——恰恰提供了这种解释以说明她的实验数据，表明词汇知识（动词变位）和此类知识会带来的句法效果（动词提升）之间的分离。参见 Eubank 和 Grace（1996）的类似发现。

更有趣的是，Beck（1996）的数据和她对这些数据的分析提供了一种方法，试图处理前面提到的关于 L2A 中参数（重新）设置的模棱两可的发现。正如我们所指出的，许多研究表明能够重新调整 OV 与 VO 等基本关系，但随后在考察涉及移位的参数时出现了某些问题。就标准适应性辩论而言，这是一个矛盾：要么存在重置参数的能力，要么不存在这种能力。但研究结果表明介于两者之间。然而，在 Beck 的框架内，基于词汇的动词提升失败并不一定意味着其他领域的失败，像 OV 与 VO 这样的基本关系可能涉及一些不同的参数。换句话说，采用词汇参数的框架先验地预测，在一个能力领域的失败（或成功）并不一定意味着在另一个领域的失败（或成功），从而至少提供了一个手段，避免由原则和参数理论的句法参数造成的僵局。动词提升是一个特别有说服力的例子，说明了这种僵局可能会是什么样子：讲法语的 L2 英语学习者仍然会犯类似（1b）的错误，即使他们已经达到了非常高的熟练程度，即使制定一个教学规则来阻止这种错误是非常容易的。同样，在 Van der Lely 和 Ullman（1996）的研究中，原本聪明的参与者在处理简单的过去时形式（如 looked）时似乎有很大的困难，导致这些研究人员得出结论：这些孩子可能无法进行简单的归纳以形成规则动词的过去时。

这让我们对 CP 现象有何看法？我们之前认为，表明 CP 对次级能力发展影响的行为反射在范围上相对较小：仅仅是 L1 发展的初始状态和成年人 L2 发展的"初始状态"之间的严重生理差异就强烈暗示了这一点。因此，正常的成年人 L2 能力和正常的成年人 L1 能力之间的预期变化范围相对较窄，与正常的成年人 L1 能力和病态的成年人 L1 能力之间的广泛的质性差异形成鲜明对比，因此需要对数据进行相应的细化分析。正如我们所指出的，最关键的细化来源之一是语言学理论。

不过，如果能指出 L2 发展的生理效应，那就很有启示意义了。毕竟，我们以前和 Colombo（1982）一起指出，假定的 CP 的行为表现可能会掩盖潜在的生理障碍。事实上，Weber-Fox 和 Neville（1996）所写的本书第二章报告了这些发现。在这项研究中，Weber-Fox 和 Neville 进行了相当于前面讨论的 Neville（1995）的复制研究，只是将参与者换成 L2 学习者。鉴于我们对 White 和 Genesee（1996）的讨论，使这项研究特别有趣的是 Weber-Fox 和 Neville（1996）同时采用了行为测量（可接受性判断）和生理测量（记录头皮的 ERP）。总的来说，研究结果反映了早期研究的结果：句法异常（即违反 UG）对习得年龄有影响，但对语义—语用异常没有影响。然而，同样有趣的是，他们还发现参与者对某些语言刺激的行为反应与 ERP 数据之间存在轻微差异：（这部分）行为结果并不强烈支持 L1–L2 差异，但生理数据确实支持这种差异。同样，这与 Colombo（1982）对行为表现与 CP 生理效应研究中后 CP 治疗效果的观察完全一致。因此，Weber-Fox 和 Neville（1996）的研究结果表明，我们对 White 和 Genesee（1996）研究结果的保留态度是有根据的。

总之，我们对 L2 能力研究的回顾表明，对适用性问题的研究可能产生了异常的结果。这正是因为它们对 CP 如何影响 L2 能力的一般（并且通常未说明）概念化。我们于此的基本概念：在比较 L1 能力和 L2 能力时，人们先验地不会期望发现正常的 L1 能力与那些完全错过假定的 CP 的病态能力（Genie, Chelsea, 进阶 ASL 学习者）之间的巨大差异。此外，我们对以语言理论为基础的 L2A 研究的解读使我们得出这样的结论：尽管成年学习者的"熟练程度"可能存在很大差异，似乎存在一种理论上可表征的自然语言现象类别，受到 CP 或 CPs 对 L1A 习得的影响，即参数。

有趣的是，当前的语言学理论将功能类别识别为参数的位点。前面提到的 ERP 研究，使得 CP 问题特别有意思：似乎有可靠的证据表明，根据刺激物是 L1A 还是 L2 数据，功能类别的处理存在生理差异。也就是说，我们似乎有了暗示性的生理学证据雏形，不仅是封闭类和开放类的区别，而且在这种区分是否起作用方面还存在与年龄相关的差异。也就是说，如果语言学理论正确地告诉我们，参数变化是通过功能类别表达的，并且 ERP 数据告诉我们，成年人的大脑不会因为新的语言刺激是表达词汇类别还是功能类别而不同地处理这些刺激，那么我们可能有语言和神经学证据的融合，即成年 L2 学习者无论在语言的其他领域多么精通，都无法呈现从词汇中提取的参数值。⑰

推测代替结论

似乎有一种取之不尽的学习能力是人类思维的特点之一。这种能力显然只受制于我们的死亡。⑱ 这证明了皮层可塑性的持续存在（参见 Singer, 1995; Zohary 等, 1994）。然而，正如我们所看到的，似乎有相当明确的语言现象表明可塑性在 CP 后消失。如果我们认为确定参数值的能力存在 CP，而不是所有与语言相关的知识都存在 CP，那么我们可以合理地提出以下问题：为什么首先要有这种可塑性的丧失？为什么参数应该是 CP 效应的位点？我们不准备对这些问题提供任何

---

⑰ 当然，这并不是说我们一定要期望 L1 的参数值在 L2 的发展中扮演一个包罗万象的角色。事实上，虽然 Schwartz 和 Sprouse（1996）主张这样的观点，但 Vainikka 和 Young-Scholten（1996）及 Eubank（1996）提出的数据表明了相当不同的结论。

⑱ 当然，并不是说年老的大脑和年轻的大脑一样敏捷。在许多领域都有与语言有关的能力下降的记录（参见 Cohen, 1981; Zelinski 和 Hyde, 1996）。Anderson 和 Rutledge（1996）发现年龄和树突数量呈负相关。有趣的是，存在一种半球不对称性：与右半球类似物相比，左半球假定的语言皮层中的树突变得更少和更短。

明确的答案,但我们想提出一些可能的解释步骤。

我们首先应该认识到,可塑性是一把双刃剑:它允许有机体学习,也使学习变得必要。有许多事情不必反复学习。这是有益的。对任何生物体来说,不必每天重新发展,如视觉认知,肯定是一个优势。从这个意义上说,我们要么希望从一开始就不存在可塑性(出生时就有成熟的视觉能力),要么希望存在有限的可塑性,前提是必要的刺激几乎肯定能及时得到。我们当然不希望大脑无休止地受视觉输入的影响,也不希望其无休止地依赖视觉输入的指导作用。用 Kelley(1992)的话来说,我们希望有一个短暂的或不存在的敏感期——我们希望刺激物开展教学工作,并已经完成;我们希望有一个永久的 CP——我们希望对冲我们的赌注,能够使用输入来弥补在敏感期失去的一些机会,如角膜缺陷。

类似地,如果正常人致力于视觉系统和专注于听觉系统的神经元被调用时可以转换忠诚度,那就更好了。正如 Neville(1995)所表明的那样,它们在生命的最初几个月或几年里可以在某种程度上转换。在缺乏听觉输入的情况下——例如,由于与 CNS 无关的先天性耳蜗缺陷——通常致力于听觉认知的神经元与视觉系统相连,导致先天性聋人的周边视觉优于正常人。事实证明,在使用手语时,这是一种有用的才能。如果一个人突然失聪了,如果他能把现在无用的"听觉"神经元招募到"视觉"事业中来,那肯定是好事。但当然不能,因为一旦固定下来,听觉连接对非听觉功能将毫无用处。

同样的道理,如果我们能像说母语一样说外语就好了,但我们不能。也许我们不能这样的一个原因是,语言的某些方面存在一个或多个 CP——用 Kelley(1992)的术语来说,就是敏感期。一旦过了这个时期,语言输入就不再对这些方面产生指导作用。为什么会这样?想象一下,如果视觉和听觉认知是永久可塑的,也就是说,如果通常致力于视觉系统的神经元对听觉刺激永久敏感,反之亦然,会出现何种结果。毫无疑问,会造成感知混乱,参见 Baron-Cohen(1996)。关于一些罕见的共鸣案例或感知输入的跨模式混合的解释。未成熟的中枢神经系统有一个相对较短的时间可以接受相关的刺激。这将使相关的神经元承担其正常职责。在正常情况下,这些刺激将被接收并固定其职责。否则,将出现(有限的)职责的重新分配。然而,无论是在正常情况下,还是在刺激匮乏的情况下,我们都没有发现神经系统可以"左右开弓"——一天处理视觉刺激,另一天处理听觉刺激。

现在,英语能力和法语能力之间的差异与视觉认知和听觉认知之间的差异并不相同，但至少在值得注意的程度上，可塑性的影响可能是相似的。一方面，对于语言的许多方面来说，并不存在类似于我们在先天性聋哑人身上看到的跨模式可塑性。例如：没有理由期望只有在学习英语词汇时才有可能学习法语词汇，或者在儿童早期缺乏英语输入时才会增强法语词汇的学习。另一方面，参数变化似乎是一种非此即彼的事情：语言要么是正或负省略，要么是头声母，要么是头韵母，要么是强屈折，要么是弱屈折，等等，但不是同时出现，也不是今天出现一个，明天出现另一个。我们注意到，对于L1A，词汇习得在青春期持续快速（Pinker，1995），并且终生都可能存在；而语言的各种微妙之处可能要到10岁左右才能完全掌握（参见Chomsky，1969）；而参数似乎在很早的时候就已经确定。仅举一个例子，关于儿童语言中空主语出现的跨语言学数据强烈地表明，所谓的主语缺失或空主语参数在很早的年龄段就被确定了，也许是在双词句阶段之前（参见Bloom，1990；Valian，1991；Wexler，1996）。

那么，一种可能性是，语言能力的某些方面（如结构依赖）虽然不是严格意义上的固化，但在提供某种最低限度的语言刺激时，对物种的任何成员都是普遍固定的。某些其他方面是由可变输入和新皮层的相互作用决定的（在狭窄范围内）。这些可变的语言方面包括（完善的）语言学理论中指定的句法和语音参数。两种情况下的相关输入都必须在关键期（相当于Kelley的敏感期）内提供，甚至可能因各种参数而异。在此期间，人脑能够适应不同的输入，就像见证双语儿童一样（尽管我们认识到这里需要一两点注意事项）。语言能力（这些方面）的CP不会超出敏感期。正如Genie和Chelsea所指出的，当敏感期结束时，为时已晚。

然而，除了原则和参数之外，语言能力还有其他方面，如词库和与之相关的规则。这些方面可能不受敏感期限制。例如，Genie能够学习新的单词，包括相当复杂的单词，尽管她不能把它们放到，如一个符合语法规则的Wh-疑问句。对于语言能力的这些方面，除了人们归因于衰老的一般能力下降外，我们预计会看到相当弱的年龄效应。因此，在成年人未能习得这些方面的L2能力的情况下，我们期望找到与生物CP无关的原因：输入有限，动机不足，等等。

还有其他一些语言能力方面的问题，现在还很难说。有一些现象，一方面似乎肯定会引起刺激措施的贫困问题。但对于这些现象，（目前）还没有UG的建议。参考Ross（1995）最近研究的所谓的路径，或者Whorf（1941）的一些隐蔽类别，例如，什么时候可以在一个形容词上加否定的un-，或者日语条件句的时间序列约束。⑲ 就这些现象而言，似乎确实存在明显的母语与非母语差异。但由于缺乏处理它们的语言理论方法，我们对 CP 的说法犹豫不决。

回到我们之前对 CP 功能的推测。对于生物体来说，就失去学习能力（如成年后学习新词）而言似乎不太可能有任何好处。尽管必须学习新的语义原则来对它们进行分类，或者学习新的形态学规则来对它们进行约束，肯定会存在不利的一面。因此，我们不会期望在语言的这一方面出现 CP。与此同时，中心词位置或主动与被动的差异等基本结构关系只有在可信的情况下才能对句子的产生和理解有所帮助。例如，如果有一个省略参数，那么当以英语为母语者每次听到一个祈使句或一个带有布什演说发言风格的词例时，就不会不断地怀疑它的价值。在没有压倒性的归纳证据的情况下，面对看似反证的情况，我们可以在 L1A 的敏感期对我们语言的某些方面作出决定。说得过于直白一点，我们为了成功掌握 L1 所付出的代价可能是无法掌握 L2。

为何在人类语言中省略参数的"加"和"减"值都可能存在？这是一个我们无法回答的问题。当然没有理由认为，UG 中的有限变化，是由对这些多重值的适应性优势选择时的压力造成的。但这种多重值是一个事实。鉴于这一事实，我们可能想通过在一个 CP 内设置参数以尽快叫停多重性，即可塑性。

致　谢

感谢 Roger Hawkins，James Hurford，Eric Kellerman，Michael Long，Lydia White 和 Helmut Zobl 的宝贵意见。还要感谢纽约科学院的 Justine Cullinan 提供了一些书目信息。本章的早期版本由 Gregg 在芬兰于韦斯屈莱大学（1996 年 8 月）、英国杜伦大学（1997 年 2 月）、英国泰晤士河谷大学（1997 年 3 月）举行的国际语言学应用协会（Association Internationale de Linguistique Appliquée，AILA）关于 CP 和 L2A 的研讨会上发表。我们感谢 David Birdsong（于韦斯屈莱大学），Bonnie Schwartz（杜伦大学）和 Peter Skehan（泰晤士河谷大学）提供这些机会来论证我们的想法。

---

⑲　简而言之，在日语条件句中，结论句中的动词表示的事件必须发生在条件从句中的动词表示的事件之后。因此，虽然像 "If I go to Chicago I'll meet my friend" 这样的句子是被允许的，但像 "If I go to Chicago I'll go by plane" 这样的句子是不被允许的。

参考文献

Anderson, B., & Rutledge, V. (1996). Age and hemisphere effects on dendritic structure. *Brain,* 119,1983−1990.

Andriew, A. (1996). Innateness and canalization. *Philosophy of Science,* 63, (Suppl., *Proceedings of the PSA, 1996*), S19−S27.

Artola, A., & Singer, W. (1994). NMDA receptors and developmental plasticity in visual neocortex. In G. L. Collingridge & J. C. Watkins (Eds.), *The NMDA receptor* (2nd ed., pp. 313−339). Oxford, England: Oxford University Press.

Baron−Cohen, S. (1996, June). Is there a normal phase of synaesthesia in development? *Psyche: An Interdisciplinary Journal of Research on Consciousness*, 2 (27).

Beck, M.−L. (1996). The status of verb−raising among English−speaking learners of German. In E. Kellerman, B. Weltens, & T. Bongaerts (Eds.), *EuroSLA 6: A selection of papers* (pp. 23−33). Amsterdam: Nederlandse Vereniging voor Toegepaste Taalwetenschap.

Beck, M.−L. (1997). Regular verbs, past tense and frequency: Tracking down a potential source of native NS/NNS speaker competence differences. *Second Language Research,* 13, 95−115.

Bever, T. G. (1981). Normal acquisition processes explain the critical period for language learning. In K. Diller (Ed.), *Individual differences and universals in language learning aptitude* (pp. 176−198). Rowley, MA: Newbury House.

Birdsong, D. (1992). Ultimate attainment in second language acquisition. *Language,* 68, 705−755.

Bley−Vroman, R. (1990). The logical problem of foreign language learning. *Linguistic Analysis,* 20, 3−49.

Bloom, P. (1990). Subjectless sentences in child language. *Linguistic Inquiry,* 21, 491−504.

Bogen, J., & Woodward, J. (1988). Saving the phenomena. *Philosophical Review,* 97, 303−52.

Borer, H. (1984). *Parametric syntax.* Dordrecht, Netherlands: Foris.

Bornstein, M. H, (1989). Sensitive periods in development: Structural characteristics and causal interpretations. *Psychological Bulletin,* 105, 179–197.

Brauth, S. E., Hall, W. S., & Dooling, R. J. (Eds.). (1991). *Plasticity of development.* Cambridge, MA: MIT Press.

Chomsky, C. (1969). *The acquisition of syntax in children from 5 to 10.* Cambridge, MA: MIT Press.

Chomsky, N. (1981). *Lectures on government and binding.* Dordrecht, Netherlands: Foris.

Chomsky, N. (1995). *The minimalist program.* Cambridge, MA: MIT Press.

Clahsen, H. (1989). The grammatical characterization of developmental dysphasia. *Linguistics,* 27, 897–920.

Clahsen, H., & Muysken, P. (1986). The availability of universal grammar to child and adult learners: A study of the acquisition of German word order by adult and child learners. *Second Language Research,* 2, 93–119.

Cohen, G. (1981). Inferential reasoning in old age. *Cognition,* 9, 59–72.

Collingridge, G. L., & Watkins, J. C. (Eds.). (1994). *The NMDA receptor* (2nd ed.). Oxford: Oxford University Press.

Colombo, J. (1982). The critical period concept: Research, methodology, and theoretical concerns. *Psychological Bulletin,* 91, 260–275.

Cook, V. J., & Newson, M. (1996). *Chomsky's universal grammar: An introduction* (2nd ed.). London: Blackwell.

Coppieters, R. (1987). Competence differences between natives and nearnative speakers. *Language,* 63, 544–573.

Crair, M. C., & Malenka, R. C. (1995). A critical period for long-term potentiation at thalamocortical synapses. *Nature,* 375, 325–328.

Curtiss, S. (1977). *Genie: A psycholinguistic study of a modern-day "wild child."* New York: Academic Press.

Curtiss, S. (1988). Abnormal language acquisition and the modularity of language. In F. J. Newmeyer (Ed) *Linguistics: The Cambridge Survey,* Vol. II (pp. 96–116). Cambridge, England: Cambridge University Press.

Curtiss, S. (1989). *The case of Chelsea: A new test case of the critical period for language acquisition.* Unpublished manuscript, University of California, Los

Angeles.

duPlessis, J., Solin, D., Travis, L., & White, L. (1987). UG or not UG, that is the question: A reply to Clahsen and Muysken. *Second Language Research, 3*, 56–75.

Ellis, R. (1994). *The study of second language acquisition.* Oxford, England: Oxford University Press.

Epstein, S., Flynn, S., & Martohardjono, G. (1996). Second language acquisition: Theoretical and experimental issues in contemporary research. *Behavioral and Brain Sciences,* 19, 677–758.

Eubank, L. (1992). Verb movement, agreement and tense in L2 acquisition. In J. Meisel (Ed.), *The acquisition of verb placement: Functional categories and V2 phenomena in language development* (pp. 225–244). Dordrecht, Netherlands: Kluwer.

Eubank, L. (1995, August). *Some views on the L2 initial state.* Paper presented at the 1995 Language Acquisition Research Symposium, Utrecht.

Eubank, L. (1996). Negation in early German–English inter language: More valueless features in the L2 initial state. *Second Language Research,* 12, 73–106.

Eubank, L., & Grace, S. (1996). Where's the mature language? Where's the native language? In A. Stringfellow, D. Cahana-Amitay, E. Hughes, & A. Zukowski (Eds.), *Proceedings of the 20th annual Boston University Conference on Language Development* (pp. 189–200). Somerville, MA: Cascadilla Press.

Eubank, L., & Gregg, K. R. (1995). "Et in amygdala ego" ?: UG, (S)LA, and neurobiology. *Studies in Second Language Acquisition,* 17, 35–57.

Felix, S. (1995). Universal grammar in L2 acquisition. In L. Eubank, L. Seiinker, & M. Sharwood Smith (Eds.), *The current state of interlanguage* (pp. 139–151). Amsterdam: John Benjamins.

Finer, D. L. (1991). Binding parameters in second language acquisition. In L. Eubank (Ed.), *Point/counterpoint: Universal grammar in the second language* (pp. 351–374). Amsterdam: John Benjamins.

Flynn, S., & Manuel, S. (1991). Age-dependent effects in language acquisition: An evaluation of 'critical period' hypotheses. In L. Eubank (Ed.), *Point/*

counterpoint: Universal grammar in the second language (pp. 117–145). Amsterdam: John Benjamins.

Fox, M. W. (1970). Overview and critique of stages and periods in canine development. *Developmental Psychobiology,* 4, 37–54.

Gilbert, C. D., & Wiesel, T. N. (1992). Receptive field dynamics in adult primary visual cortex. *Nature,* 256, 150–152.

Glazewski, S., Chen, C.-M., Silva, A., & Fox, K. (1996). Requirement for a-CaMKII in experience-dependent plasticity of the barrel cortex. *Science,* 272, 421–423.

Gleitman, L., & Newport, E. (1995). The invention of language by children: Environmental and biological influences on the acquisition of language. In L. Gleitman & M. Liberman (Eds.), *Language: An invitation to cognitive science* (2nd ed., Vol. 1, pp. 1–24). Cambridge, MA: MIT Press.

Gopnik, M. (1990). Feature blindness: A case study. *Language Acquisition,* 2, 139–164.

Gould, J., & Marler, P. (1991). Learning by instinct. In W. S.-Y. Wang (Ed.), *The emergence of language: Development and evolution* (pp. 8–103). New York: Freeman.

Gregg, K. R. (1996). The logical and developmental problems of second language acquisition. In W. C. Ritchie & T. K. Bhatia (Eds.), *Handbook of second language acquisition* (pp. 49–81). San Diego, CA: Academic Press.

Haas, H. L., & Buzsaki, G. (Eds.). (1988). *Synaptic plasticity in the hippocampus.* Berlin, Germany: Springer.

Henry, K. R. (1983). Lifelong susceptibility to acoustic trauma: Changing patterns of cochlear damage over the life span of the mouse. *Audiology,* 22, 372–383.

Hubei, D. H., & Wiesel, T. N. (1965). Binocular interaction in the striate cortex of kittens reared with artificial squint. *Journal of Neurophysiology,* 21, 1041–1059.

Hurford, J. R. (1987). *Language and number: The emergence of a cognitive system.* Oxford, England: Basil Blackwell.

Hurford, J. R. (1991). The evolution of the critical period for language acquisition. *Cognition,* 40, 159–201.

Johnson, J. S., & Newport, E. L. (1989). Critical period effects in second language learning: The influence of maturational state on the acquisition of English as a second language. *Cognitive Psychology,* 21, 60-99.

Johnson, J. S., & Newport, E. L. (1991). Critical period effects on universal properties of language: The status of subjacency in the acquisition of second languages. *Cognition,* 30, 215-258.

Johnson, J. S., Shenkman, K. D., Newport, E. L., & Medin, D. L. (1996). Indeterminacy in the grammar of adult language learners. *Journal of Memory and Language,* 35, 335-352.

Kalil, R. (1989). Synapse formation in the developing brain. *Scientific American,* 261, 76-85.

Kellerman, E. (1995). Age before beauty: Johnson and Newport revisited. In L. Eubank, L. Selinker, & M. Sharwood Smith (Eds.), *The current state of interlanguage* (pp. 219-231). Amsterdam: John Benjamins.

Kelley, D. B. (1992). Opening and closing a hormone-regulated period for the development of courtship song: A cellular and molecular analysis of vocal neuroeffectors. In G. Turkewitz (Ed.), *Developmental psychobiology* (pp. 178-188). New York: New York Academy of Sciences.

Krashen, S. D. (1975). The critical period for language and its possible bases. In D. Aaronson & R. W. Rieber (Eds.), *Developmental psycholinguistics and communication disorders* (pp. 211-224). New York: New York Academy of Sciences.

Larsen-Freeman, D., & Long, M. H. (1991). *An introduction to second language acquisition research,* London: Longman.

Long, M. H. (1990). Maturational constraints on language development. *Studies in Second Language Acquisition,* 12, 251-285.

Long, M. H. (1993). Second language acquisition as a function of age: Substantive findings and methodological issues. In K. Hyltenstam & A. Viberg (Eds.), *Progression and regression in language* (pp. 196-221). Cambridge, England: Cambridge University Press.

Marler, P. (1991). The instinct for vocal learning: Songbirds. In S. E. Brauth,

W. S. Hall, & R. J. Dooling (Eds.), *Plasticity of development* (pp. 107–125). Cambridge, MA: MIT Press.

Martohardjono, G. & Gair, J. W. (1993). Apparent UG inaccessibility in second language acquisition: Misapplied principles or principled misapplications? In F. R. Eckman (Ed.), *Confluence: Linguistics, L2 acquisition, and speech pathology* (pp. 79–103). Amsterdam: John Benjamins.

Meisel, J. (1996). *Initial states of grammatical knowledge in second language acquisition.* Unpublished manuscript, University of Hamburg.

Moltz, H. (1973). Some implications of the critical period hypothesis. In E. Tobach, H. E. Adler, & L. L. Adler (Eds.), *Comparative psychology at issue* (pp. 144–146). New York: New York Academy of Sciences.

Morris, R. G. M., & Davis, M. (1994). The role of NMDA receptors in learning and memory. In G. L. Collingridge & J. C. Watkins (Eds.), *The NMDA receptor* (2nd ed., pp. 340–375). Oxford, England: Oxford University Press.

Mueller, N. (1996). *Subordinate clauses in second and first language acquisition: A case against parameters.* Unpublished manuscript, University of Hamburg.

Neville, H. (1995). Developmental specificity in neurocognitive development in humans. In M. S. Gazzaniga (Ed.), *The cognitive neurosciences* (pp. 219–231). Cambridge, MA: MIT Press.

Neville, H., Nicol, J., Barss, A., Forster, A., & Garrett, M. (1991). Syntactically based sentence processing classes: Evidence from event-related potentials. *Journal of Cognitive Neuroscience,* 3,151–165.

Newport, E. L. (1990). Maturational constraints on language learning. *Cognitive Science,* 4,11–28.

Pettet, M. W., & Gilbert, C. D. (1992). Dynamic changes in receptive-field size in the cat primary visual cortex. *Proceedings of the National Academy of Sciences, USA,* 89,8366–8370.

Pinker, S. (1995). Language acquisition. In L. Gleitman & M. Liberman (Eds.), *Language: An invitation to cognitive science* (2nd ed., Vol. 1, pp. 135–182). Cambridge, MA: MIT Press.

Pollock, J.-Y. (1989). Verb movement, Universal Grammar, and the structure of

IP. *Linguistic Inquiry,* 20, 365−424.

Rakic, P. (1991). Plasticity of cortical development. In S. E. Brauth, W. S. Hall, & R. J. Dooling (Eds.), *Plasticity of development* (pp. 127−161). Cambridge, MA: MIT Press.

Rice, M. (1991). Children with specific language impairment: Toward a model of teachability. In N. A. Krasnegor, D. M. Rumbaugh, R. L. Schiefelbusch, & M. Studdert−Kennedy (Eds.), *Biological and behavioral determinants of language development* (pp. 447−480). Hillsdale, NJ: Lawrence Erlbaum Associates.

Rice, M.,. Wexler, K., & Cleave, P. (1995). Specific language impairment as a period of extended optional infinitives. *Journal of Speech and Hearing Science,* 38, 850−863.

Ross, J. R. (1995). A first crosslinguistic look at paths: The difference between end−legs and medial ones. In L. Eubank, L. Seiinker, & M. Sharwood Smith (Eds.), *The current state of interlanguage* (pp. 271−283). Amsterdam: John Benjamins.

Schachter, J. (1989). Testing a proposed universal. In S. Gass & J. Schachter (Eds.), *Linguistic perspectives on second language acquisition* (pp. 73−88). Cambridge, England: Cambridge University Press.

Schwartz, B. D. & Sprouse, R. (1994). Word order and nominative case assignment in non−native language acquisition: A longitudinal study of (LI Turkish) German interlanguage. In T. Hoekstra & B. D. Schwartz (Eds.), *Language acquisition studies in generative grammar* (pp. 317−368). Amsterdam: John Benjamins.

Schwartz, B. D., & Sprouse, R. (1996). L2 cognitive states and the full transfer/full access model. *Second Language Research,* 12, 40−72.

Shao, J., & Neville, H. (1996, March/April). *ERPs elicited by semantic anomalies: Beyond the N400.* Poster presented at the annual meeting of the Cognitive Neuroscience Society, San Francisco.

Singer, W. (1995). Development and plasticity of cortical processing architectures. *Science,* 270, 758−764.

Thompson, R. F. (1993). *The brain: A neuroscience primer* (2nd ed.). New York: Freeman.

Tomaselli, A., & Schwartz, B. D, (1990). Analysing the acquisition stages of negation in L2 German: Support for UG in adult SLA. *Second Language Research,* 6,1–38.

Vainikka, A., & Young-Scholten, M. (1994). Direct access to X' –theory: Evidence from Korean and Turkish adults learning German. In T. Hoekstra & B. Schwartz (Eds.), *Language acquisition studies in generative grammar* (pp. 265–316). Amsterdam: John Benjamins.

Vainikka, A., & Young-Scholten, M. (1996). Gradual development of L2 phrase structure. *Second Language Research,* 12, 7–39.

Valian, V. (1991). Syntactic subjects in the early speech of American and Italian children. *Cognition,* 40, 21–81.

Van der Lely, H. (1996). Empirical evidence for the modularity of language from grammatical SLI children. In A. Stringfellow, D. Cahana-Amitay, E. Hughes, & A. Zukowsky (Eds.), *Proceedings of the 20th annual Boston University Conference on Language Development* (pp. 792–803). Somerville, MA: Cascadilla Press.

Van der Lely, H., & Ullman, M. (1996). The computation and representation of past-tense morphology in specifically language impaired and normally developing children. In A. Stringfellow, D. Cahana-Amitay, E. Hughes, & A. Zukowsky (Eds.), *Proceedings of the 20th annual Boston University Conference on Language Development* (pp. 804–815). Somerville, MA: Cascadilla Press.

Waddington, C. H. (1975). *The evolution of an evolutionist.* Ithaca, NY: Cornell University Press.

Webelhuth, G. (1992). *Principles and parameters of syntactic saturation.* New York: Oxford University Press.

Webelhuth, G. (Ed.). (1995). *Government and binding theory and the minimalist program.* Oxford, England: Basil Blackwell.

Weber-Fox, C. M., & Neville, H. J, (1996). Maturational constraints on functional specializations for language processing: ERP and behavioral evidence in bilingual speakers. *Journal of Cognitive Neuroscience,* 8, 231–256.

Wexler, K. (1996, June). *What children don't know really tells us a lot about linguistic theory.* Lecture handout, University of Utrecht.

White, L. (1990/91). The verb movement parameter in second language acquisition. *Language Acquisition,* 1, 337–360.

White, L. (1992). Long and short verb movement in second language acquisition. *Canadian Journal of Linguistics,* 37, 273–286.

White, L., & Genesee, F, (1996). How native is near–native? The issue of ultimate attainment in adult second language acquisition. *Second Language Research,* 12, 233–265.

Whorf, B. L. (1941). Grammatical categories. *Language,* 21, 1–11. Reprinted in J.B. Carroll (Ed.). (1956). *Language, thought, and reality: Selected writings of Benjamin Lee Whorf* (pp. 87–101). Cambridge, MA: MIT Press.

Zelinski, E. M., & Hyde, J. C. (1996). Old words, new meanings: Aging and sense creation. *Journal of Memory and Language,* 35, 689–707.

Zohary, E., Celebrini, S.,Britten, K. H., & Newsome, W. T. (1994). Neuronal plasticity that underlies improvement in perceptual performance. *Science,* 263,1289–1292.

第五章　学习年龄及第二语言言语

詹姆斯·E. 弗莱格（James E.Flege）

阿拉巴马大学伯明翰分校

在本章中，我们将讨论自然习得第二语言（second language，L2）的起始年龄与 L2 发音准确性之间的关系。很明显，就 L2 发音而言，越早越好。然而，被广泛接受的关键期假说似乎并未为这种现象提供最好的解释。

引　言

虽然人们普遍认为，就 L2 发音而言，"越早越好"，但对于学习 L2 的年龄和外国口音程度之间关系的确切性质，以及出现外国口音的原因，还存在分歧（参见 Singleton, 1989）。Long（1990）从对先前发表的研究回顾中得出结论：如果在 6 岁之前开始学习，L2 通常不带口音；如果在 12 岁之后开始学习，则带有外国口音；而在 6 岁到 12 岁之间则会有不同的结果。Patkowski（1990）注意到，在 15 岁之前和之后首次抵达美国的参与者外国口音的显著差异是由于经过了一个关键期。他将其定义为 L2 中"对习得完全流利本族语的年龄限制"。事实上，Patkowski 声称，在关键期之前和之后开始学习 L2 的个人在"基本的、定性的方式"上存在差异（1990：74）。

关键期假说（critical period hypothesis，CPH）被广泛认为可以用来解释为什么许多人在说 L2 时带有外国口音。言语关键期的结束通常与某种神经学变化（例如，失去可塑性、大脑半球特化或神经功能重组）有关。这种变化被认为是正常成熟的结果（例如，Lamendella, 1977; Lenneberg, 1967; Patkowski, 1990; Penfield 和 Roberts, 1959; Scovel, 1969, 1988）。这样的神经功能变化，可能会在许多人的生理年龄段大致相同的情况下发生，可能会影响与 L2 相关的信息在长期记忆中的处理和存储（例如，Genesee 等，1978）。CPH 似乎暗示着，允许儿童学习母语准确发音的能力的某（些）方面在关键期之后会降低或丧失。

　　Patkowski（1990）持有的语音学习存在一个关键期的结论基于一种经验数据模式。该模式在最近的两项研究中没有被复制。Flege，Munro 和 MacKay（1995）研究了 240 名 2—23 岁移民到加拿大渥太华的以意大利语为母语的人的英语句子生成情况。鉴于 Patkowski（1990）的告诫——只有在最佳学习条件下达到 L2 发音最终习得的参与者才能正确评估 CPH，Flege 等人（1995）招募的参与者在接受测试时均已在加拿大生活了至少 15 年。事实上，以意大利语为母语的参与者平均在渥太华生活了 32 年。他们中的大多数人表示他们说英语多于意大利语。

　　将 240 名以意大利语为母语的参与者说出的 5 个英语短句（例如：The red book was good），以及由 24 名以英语为母语的参与者组成的对照组进行数字化处理，然后随机呈现给来自安大略省的以英语为母语者。这些听众用一个连续的量表对他们听到的句子的总体外国口音感知程度进行评分。图 5.1 显示了 264 名参与者的平均评分。正如预期的那样，以英语为母语的参与者获得的评分高于大多数以意大利语为母语的参与者，后者的评分随着抵达年龄（age of arrival, AOA）的增加而系统地下降。重要的是，在 AOA 为 15 岁时，或 AOA 为任何其他年时，评分都不存在不连续性。对 240 名以意大利语为母语的参与者获得的数据的直线拟合占其句子评分差异的 71.4%（p<0.01）。（语言使用因素约占额外方差的 15%；参见 Flege 等，1995）。Yeni-Komshian，Flege 和 Liu（1997）采用类似研究设计的后续研究也得出了居住在美国的 240 名韩英双语者的 AOA 与外国口音程度之间的近线性关系。

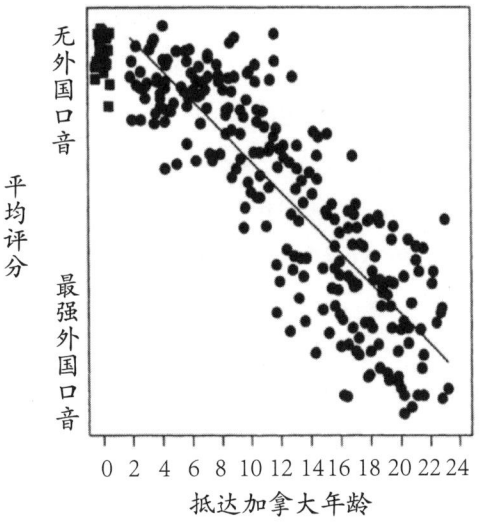

图 5.1　240 名 2—23 岁到达加拿大英语地区的以意大利语为母语的参与者（实心圆）和 24 名以英语为母语的参与者（方块）的平均外国口音评分（数据来自 Flege, Munro 和 MacKay，1995）

我们只能猜测 Flege 等人（1995）和 Yeni-Komshian 等人（1997）与 Patkowski（1990）的结果存在重大差异的原因。这种差异可能不是因为被研究的参与者在英语国家的平均居住时间不同——Flege 等人（1995）的参与者大约是 32 年，Patkowski（1990）的参与者是 20 年，而 Yeni-Komshian 等人（1997）的参与者是 15 年。然而，可以想象的是，以下一个或多个其他因素导致了观察到的差异：所研究的非母语群体的异质性——Patkowski（1990）的研究中有许多不同的母语（native language 在本章中用 L1 指代），而其他两个研究中只有一种 L1；非母语人口的规模——67∶240；采用的量表技术——Patkowski 的 5 分制量表(1990)，对比其他两项研究中的连续 9 分制量表；评估演讲材料的评委——Patkowski 研究中受过培训的以英语作为 L2 的教师，对比未受过培训的教师。

然而，笔者认为这种差异更有可能是所检查的语音材料类型的间接结果。Flege 等人（1995）和 Yeni-Komshian 等人（1997）考察的参与者产生了一组标准句子，而 Patkowski（1990）考察的是他的参与者在 15—30 分钟的访谈中产生的 30 秒的自发讲话样本的摘录。因此，Patkowski 研究中训练有素的评委除了受到发音准确性的差异影响外，还可能受到非母语参与者的单词选择和语法准确性的影响。若如此，那么 Patkowski 得到的结果可能表明，在语音—语义领域之外的某些语言领域中，存在着与年龄有关的明显不连续性。

在笔者看来，AOA 与外国口音程度相关的函数中缺乏非线性。这与语音学习存在关键期的观点不一致（另见本书第七章）。然而，Flege 等人（1995）获得的数据中有一个方面与 CPH 一致。在 15 岁之后开始学习英语的以意大利语为母语的参与者中，没有一个分数落在 24 名母语为英语的对照组参与者的平均值的两个标准差（standard deviations, SDs）内，因此可以认为他们已经学会了说英语，没有可察觉的外国口音。然而，Bongaerts，Planken 和 Schils（1995；另见本书第六章）提供的数据表明，某些积极性很高的人，在超过传统上认为标志着关键期结束的年龄后开始学习他们的 L2，确实能够说没有外国口音的 L2。

互动主义视角

刚才的数据给 CPH 带来了一个问题，因为它们未显示出发音的准确性随着年龄的增长而急剧下降。一个更普遍的问题：CPH 未具体说明由于成熟而被认为会恶化或完全丧失的实际机制。存在几种可能性。例如，神经功能变化可能会降低一个人增加或修改用于产生 L2 元音和辅音的感觉运动程序的能力

（McLaughlin，1977）。这些变化也可能会降低为新元音和辅音建立感知表征的能力（Flege，1995；Rochet，1995）。

另一个问题：CPH 是无法直接被测试的。这是因为，可能会影响语言学习的因素不可避免地与生理年龄混淆，而年龄通常是神经功能成熟状态的替代物，被认为会导致学习语言的能力丧失或减慢（参见 Flege，1987）。例如，参与者在以 L2 语言为主的环境中首次接触 L2 的年龄可能与他们对 L1 语言社区情感依恋的强度有关，也可能与他们是否愿意让自己听起来像 L2 语言文化的成员有关，或者与两者都有关。再举一个例子，在一项旨在比较在 L2 环境中 AOA 不同的参与者的研究设计中，就必须混淆在 L2 环境中的居住时间长短或生理年龄大小。

在笔者看来，最严重的问题是，由于其广泛的吸引力，CPH 抑制了研究人员寻找和测试外国口音无处不在的其他潜在解释（以及与年龄有关的 L2 表现在其他方面的下降）的热情。确实可以制定其他一般假说。例如，根据所谓的练习假说，一个人学习产生和感知语言的能力在整个生命周期中保持不变，但只有当他持续不间断地学习言语时才会如此（参见 Bever，1981；Hurford，1991）。根据这种观点，外国口音随着 AOA 的增加而增加，因为随着 AOA 的增加，可以发现从未停止过学习语言的人越来越少。然而，尽管这种观点很有趣，练习假说可能很难或不可能被检验；可能无法招募到在相同年龄和类似情况下开始学习某种语言 X 的匹配组；且在获得 L1 和首次接触语言 X 的时间之间是否学习了其他语言上有所不同。

根据展开假说（unfolding hypothesis），外国口音是先前语音发展的间接结果，而不是语言学习能力丧失或减弱的结果（Oyama，1979），另见 Elman（1993）和 Marchman（1993）关于联结主义的观点。例如，为 L1 中的元音和辅音建立的语音类别可能会随着年龄的增长而变得更加明确（Flege，1992a，1992b），因此更有可能"同化"L2 中语音上不同的元音和辅音（Best，1995）。展开假说预测，在 L2 学习开始时，L1 的语音系统发展得越充分，L2 的发音就越具有外国口音。然而，展开假说也存在一个问题。L1 语音系统的发展状态容易随着成熟和发展（当然还有生理年龄）而变化。这就意味着，要将展开假说与 CPH 区分开来或许是不可能的。

还有一个一般的假说可以称为互动假说（interaction hypothesis）。显然，Weinreich（1953）最先提出，双语者的两种语言相互影响是不可避免的。如果是这样，双语者可能无法以与两种单语者完全相同的方式控制两种语言。事实上，一些研究者已经提出，以评估单语者的方式来评估双语者是不合适的（Grosjean，

1982）。例如，Cook（1995）指出，L1 或 L2 与单语定义规范的差异不应被视为失败，正如 Selinker（1972）所建议的，而应视为两种语言"多能力"的必然结果。Cook（1995）提出，总的来说，双语者的综合能力通常超过任何单语者的能力。Mack（1986：464）指出，尽管早期的双语者可能对两种语言都非常流利，他们处理语言的方式可能与单语者不同，因为"语言组织模式不同于单语者"。另见 Neville, Mills 和 Lawson（1992），Weber-Fox 和 Neville（1992）。

根据互动假说，双语者无法完全分开 L1 和 L2 的语音系统，它们必然会相互影响。当然，L1 和 L2 系统可以形成受限的子系统，可以在不同程度上被激活和停用（Paradis, 1993）。这就是允许在 L1 和 L2 中使用不同发音模式的原因。然而，根据互动假说，L1 子系统的语音元素必然会影响 L2 系统中的语音元素，反之亦然。这种影响的性质、强度和方向性可能会随着一些因素的变化而变化，如为 L1 和 L2 的语音元素建立的类别的数量和性质，L1 和 L2 使用的数量和环境，语言优势，等等（参见 Anisfeld, Anisfeld 和 Semogas, 1969; Cutler, Mehler, Norris 和 Segui, 1989; Flege, 1995; Ho, 1986; Macnamara, 1973）。互动假说带来了一个 CPH 或任何其他假说都无法产生的预测：L1 的损失，或由于不使用而弱化（Grosjean, 1982; Romaine, 1995），可能会降低 L2 中被感知到的外国口音的程度。换句话说，L1 越"少"，它对 L2 发音的影响就越小（Dunkel, 1948）。

Flege, Frieda 和 Nozawa（1997）在一项研究中检验了互动假说。该研究考察了以英语为母语的人和两组以意大利语为母语的参与者所说的英语句子中的外国口音。两组以意大利语为母语的人都是在平均 5 岁的时候从意大利来到加拿大的，但在自我报告的意大利语使用方面存在差异："低使用"参与者平均使用率为 3%，而"高使用"参与者的平均使用率为 33%。以意大利语为母语的参与者所说的句子和以英语为母语的对照组所说的句子被随机呈现给以英语为母语的听众。他们将每个句子标记为"肯定是英语国家的"（即肯定是由英语为母语的人说的）或"可能是英语国家的"，"可能是意大利的"（即可能由以意大利语为母语的人说）或"绝对是意大利的"。

两项分析[①]的结果产生了两项与 CPH 背道而驰的发现。其一，高使用和低使用的参与者说的句子都被发现有外国口音，尽管这些组的参与者从小就学习英

---

① 在一项分析中，以英语为母语的听众的判断被转换为 4 分制量表。在另一项分析中，将以意大利语为母语的参与者的句子正确识别为意大利语算为命中，将以英语为母语的参与者的句子错误识别为意大利语算为误报。然后根据命中和误报的比例计算出代表以意大利语为母语的参与者句子中听众对外国口音敏感性的公正衡量的 A-prime（A'）分数。

语并且平均说英语超过 30 年。CPH 会让人们期望 L2 的童年学习者可以避免被认定为外国口音。其二，高使用参与者的英语口音明显比低使用参与者强。鉴于 CPH 将外国口音归因于 L2 学习开始时存在的神经成熟状态，它不会导致人们期望 L2 性能的差异作为 L1 使用量的函数。

Yeni-Komshian 等人（1997）的一项研究也证明了 L1 和 L2 的相互影响。这项研究的参与者是 240 名韩英双语者。他们在 2—23 岁抵达美国，平均在美国生活了 15 年（范围：8—30 年）。以英语为母语的听众使用 9 分制量表对双语参与者和由 24 名英语单语者组成的对照组所讲的英语句子进行总体外国口音程度的评分。在一项平行实验中，以韩语为母语的听众使用类似的量表对双语者和 24 名单语者的对照组所讲的韩语句子进行评分。当绘制为美国双语者 AOA 的函数时，针对英语句子中的韩语外国口音和韩语句子中的英语外国口音建立的函数形成了"X"模式。韩国人到达美国的时间越晚，他们对英语句子的发音就越不准确，对韩语句子的发音就越准确。

Yeni-Komshian 等人（1997）研究提供的证据表明，很少有双语者在发音时不带有可察觉的外国口音。仅有 16 名（7%）双语者的英语句子评分在 24 名英语单语者平均评分的 +/-2 个标准差范围内。符合此标准的双语者的 AOA 为 1.5 至 8.5 岁不等。更多的双语者——达 111 人（46%），其韩语句子的评分在 24 名韩语单语者的平均值的 +/-2 个标准差内。符合这一标准的双语者的 AOA 为 8.5 至 22.5 岁不等。然而，在 240 名双语者中，只有 1 名 AOA 为 8.5 岁的女性同时满足英语和韩语标准。

综上所述，有证据表明，双语者所讲的两种语言是相互影响的。如果一个人在童年和青少年时期的确继续学习和完善 L1 的语音—音素系统，那么互动假说可能提供了一个与 CPH 不同的对 L2 表现的年龄影响的解释。此外，与 CPH 相比，交互假设似乎更符合观察到的 AOA 和外国口音程度之间的线性关系，因此人们预期它会出现不连续性。

产生和感知

到目前为止，我们只考虑了 L2 的整体发音，即句子中的外国口音程度。当然，学习 L2 的人经常无法准确地发出 L2 中特定的元音和辅音，导致它们被认为是外国口音。非母语人士在语音产生中与 L2 的音段语音规范的差异，有一部分可能是由于无法掌握新的发音形式。例如，我们很想知道，以英语为母语且精通南班图语（如科萨语）的人，是否能够掌握在该语言中发现的发音运动复杂的咂音。如果以英语为母语的成年人永远无法掌握颚音，则表明发音运动学习存在年龄限制。

然而，许多研究人员（例如 Flege，1988b）认为，某些语音生成错误是由于对指定 L2 元音和辅音属性的不正确感知表征引起的。例如，Rochet（1995）使用合成的 /i/–/y/–/u/ 连续元音来评估非母语者的元音感知。以葡萄牙语为母语的参与者倾向于将法语 /y/ 误识别为 /i/，而以英语为母语的参与者倾向于将相同的元音刺激误识别为 /u/。在重复任务中，以葡萄牙语为母语的参与者在听到法语 /y/ 标记时产生 /i/ 质量元音，而以英语为母语的参与者倾向于产生 /u/。这一发现使 Rochet 得出结论，一些元音产生错误是"目标音素被分配到 L1 类别的结果"（1995：404）。

语音学习模型（Speech Learning Model，SLM；Flege，1995）假定 L1 和 L2 相互影响，并且这种交互限制了两种语言的性能准确性。根据 SLM，各种因素，如个人学习 L2 的年龄和 L2 声音与最接近的 L1 声音的感知差异，决定了 L2 学习者是否能分辨出 L2 声音与最接近（非相同）L1 声音之间可能存在的语音差异。意识到跨语言差异的存在，反过来，可能会促成新的 L2 语音类别的形成。Flege 假设，"（L2）声音的产生最终对应于其语音类别表征中存在的属性"（1988b：239）。这意味着，对于某些 L2 学习者来说，对 L2 声音的感知可能比其产生的声音更准确。

产生的准确性受制于知觉的准确性。这个假设并不新鲜。语音感知在生命的早期就与特定语言的对比声音单元相协调，并且随着时间的推移，儿童的语音产生与他们所听到的内容相对应。Kuhl 和 Meltzoff（1996）认为，熟练的发音产生于特定语言的感知。他们观察到，对于成熟的母语使用者来说，指定听觉—发音关系的信息是"非常详细的……就像成年人有一个内化的听觉—发音'地图'，指定嘴巴运动和声音之间的关系"（1996：2425）。他们还观察到，记忆表征的形成"最初来自对环境输入的感知，然后充当肌动输出的指导"（1996：2425）。Pisoni（1995）指出，说话者产生的语音对比"与感知分析中独特的声学差异完全相同"。这使得语音产生和感知之间存在的关系在类别系统中是"独特的"。② Pisoni 进一步指出，尽管产生和感知之间的关系往往是"复杂的"，

---

② 然而，肌动控制和感知之间的密切关系可能不是语言独有的特征。生产和感知之间的密切关系似乎反映了大脑功能的一般特征。Churchland（1986：473）观察到进化[已经]同时解决了感官处理和运动控制的问题，因此"理论[必须]模仿进化并同时寻求解决"。根据 Edelman（1989）的神经元组选择理论，"动态循环……不断地将手势和姿势与多种感觉信号相匹配"。在 Edelman（1989）看来，感知"取决于并导致行动"。肌动活动被认为是"感知分类的重要组成部分"（1989：54-56）。

它是一种非任意的关系，反映了"单一的发音事件"属性（1995：22—23）。

第一语言习得（first language acquisition，L1A）研究得出的结果与Kuhl和Pisoni等研究人员所表达的观点一致。例如，Kuijper（1996）的研究表明，儿童产生和感知L1音段对比的能力在儿童早期是缓慢和平行发展的。然而，在第二语言习得（second language acquisition，L2A）中存在同样的产生和感知之间的并行性并没有被普遍接受。事实上，Bever（1981）假设存在学习语音的关键期，因为如果语音学习发生在L1牢固建立之后，那么产生和感知的发展将不会紧密联系在一起。

Bever（1981）推测，在L1A过程中，心理语法"平衡"（或对齐）了产生和感知。Bever否定了在L1A过程中语音感知的发展必然先于语音产生的相应发展的观点。他认为这两个领域的进展是"跳跃式"的。他假设，心理语法表征反映了感知和产生的"联合"运作，只有通过这种表征的调解，儿童在感知上习得的东西才能影响产生，反之亦然。③

根据Bever（1981）的说法，随着L1音系的习得，产生和感知就会变得一致。一旦心理语法的主要作用完成，即使产生和感知一致，就会停止使用心理语法。在语音发展上，Bever假设语音产生和感知变得"独立"，语音学习的关键期结束。虽然L1的心理语法表征可能可以获取，但在关键期之后，即在L1音系完全习得之后，心理语法无法再用于调整L2学习中的产生和感知。正是由于这个原因，L2学习者"经常学习辨别……他们不能明显产生的声音"（Bever，1981：196）。

Bever的CPH版本因其特殊性而有价值。然而，它与最近检验L2音段产生和感知的研究中获得的结果不相容。这些研究表明，就像在L1A中一样，L2元音和辅音的产生和感知可能彼此"对齐"。然而，在转向这些音段研究之前，笔者首先回顾了一些有关句子产生和感知的相关研究。

句子层面研究

推而广之，Bever（1981）的心理语法假设可能会使人们期望：非母语者在其L2中产生和理解句子的能力是不相关的。然而，两项研究表明情况并非如此。

Oyama（1973；另见Oyama，1982a，1982b）测试了60名居住在纽约市的意

---

③ 据推测，正是由于心理语法表征的存在，才使儿童知道可以存在两种方式说同一件事（一种是自己的方式，另一种是成年人的方式）。

大利男性。他们在 6—20 岁到达美国，并在那里居住了 5—18 年。她通过让讲英语的听众对一段长的讲话样本进行评分来评估参与者对外国口音的感知程度。句子理解力的评估是让参与者尽可能多地重复一组在噪音中出现的英语句子中的单词。个别参与者的外国口音等级和理解测试的分数（即可以重复的单词总数）不可用于重新分析。然而，当对参与者的 6 个分组（根据在美国的居住时间和 AOA 定义）获得的平均值进行研究时，得到了显著的相关性（$r=0.818$）。这表明，以意大利语为母语的参与者的英语发音越好，他们在噪音中理解英语句子的能力就越好。

  Oyama（1973）研究的句子包括一些可以从上下文中预测的词（例如，Shepherds seldom lose their sheep "牧羊人很少失去他们的羊"）。因此，Oyama 得到的分数很可能在一定程度上受到参与者高阶英语知识的影响。Meador，Flege 和 MacKay（1997）最近复制并扩展了 Oyama 的研究。为获得更接近反映元音和辅音自下而上处理的分数，研究了具有单一句法形式（NP–V–NP）的语义不可预测的英语句子（例如，The blond dentist ate the heavy bread "金发牙医吃了沉重的面包"）。图 5.2 显示了 54 名平均年龄为 48 岁的以意大利语为母语的参与者获得的结果。这些参与者在 3—23 岁抵达加拿大，并在那里平均生活了 34 年。参与者对英语句子的发音越准确（由母语为英语的听众评定），他们能够重复的单词数量越多，$r=0.646$，$df=52$，$p<0.001$。

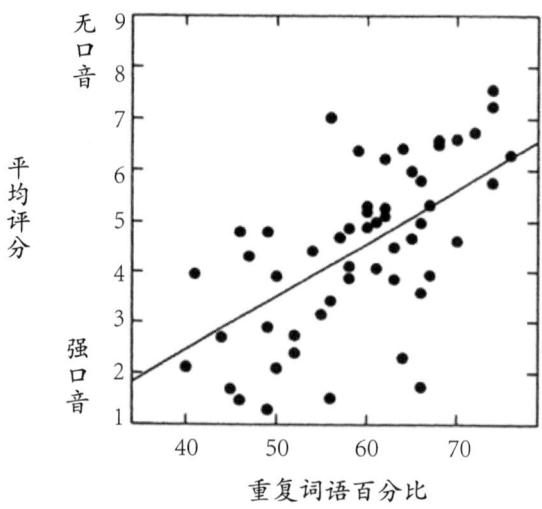

图 5.2 54 名以意大利语为母语的参与者重复语义不可预测的英语句子中的单词的能力与其总体外国口音程度之间的关系（数据来自 Meador，Flege 和 MacKay，1997）

刚刚报告的相关性（$r = 0.646$）实际上可能低估了参与者产生和感知句子中元音和辅音能力之间的关系。重复在噪声中呈现的句子中的单词需要在处理附加信息时将单词或单词的一部分保存在记忆中。因此，语音短期记忆（phonological short-term memory，PSTM）的个体差异可能会影响句子噪声任务的表现。评估参与者 PSTM 的方法是让他们重复由 2—5 个意大利 CV 音节连接而成的非单词。当 PSTM 分数的变化被部分排除时，参与者的外国口音程度与他们在有噪句子测试中能够重复的单词数量之间的相关性增加到 $r=0.734$。

如前所述，SLM 假设对 L2 声音的感知可能比它们的产生更准确，但预计不会出现相反方向的分歧。在句子层面上，这可能会导致人们期望使用带有口音的英语句子的非母语人士可能仍然能够准确地衡量同一句子中外国口音的程度。Flege（1988a）在一个实验中测试了这一预测。实验对象为 3 组听众：说英语的单语者、在美国平均生活了 1.5 年的中国台湾成年人、在美国平均生活了 5.3 年的中国台湾成年人。听众使用从"最强烈的外国口音"到"没有外国口音"的连续量表，对具有不同程度的外国口音的参与者所说的英语句子进行评分。

两组中国听众的外国口音评分与以英语为母语的听众的评分显著相关（$p<0.01$）。然而，与经验较少的中国听众相比，$r=0.884$，$df=45$，经验丰富的中国听众的相关性明显更强，$r=0.947$，$df=45$；$X^2=7.79$，$df=1$，$p<0.01$。当对两组中国听众的外国口音进行评估时，发现他们说英语时外国口音同样强烈（$p>0.10$）。因此，在美国生活了 5.3 年的参与者比在美国只生活了 1.5 年的参与者对英语的语音特征更敏感。而这两组人在英语句子发音的准确性上没有区别。这一发现与 L2A 中感知"引导"产生的假说是一致的。

音段研究

如前所述，Bever（1981）假设，在 L2A 过程中，语音产生和感知是独立发展的，因为在关键期结束后，心理语法不再用于调整产生和感知。如果这个假设是正确的，那么人们就不会期望观察到后关键期 L2 学习者的产出与 L2 元音和辅音感知之间的相关性。然而，在最近的研究中获得的结果确实显示出显著的相关性，尽管是适度的相关关系。

元音

Flege、Bohn 和 Jang（1997）的一项研究提供了证据，证明晚期双语者 L2 元音的产生和感知之间存在着关系。参与者是分别以英语、德语、西班牙语、韩语和汉语普通话为母语的 20 名参与者。80 名非母语参与者是在他们成年后到达美国时首次定期接触英语的。他们在测试时平均在美国生活了 4.0 年（范围：0.2—23 年）。参与者阅读了一份包含元音和 /æ/ 的辅音—元音—辅音（CVC）英语单词清单。随后，他们识别了含有相同元音的两个连续统。在两种选择的强制选择识别实验中使用的感知刺激由合成元音组成，在一个连续统中从 beat 到 bit，在另一个连续统中从 bet 到 bat（/ɛ/–/æ/）。在这两个连续统中，频谱质量（F1 和 F2 频率）在 11 个步骤中变化，元音持续时间在 3 个步骤中正交变换。

用于评估元音产生准确性的一种方法是测量参与者在 /ɛ/–/æ/ 之间产生的频谱（F1，F2）差异的大小。母语为英语的参与者主要依靠频谱（F1，F2）变化来识别元音为 /i/ 与 /ɪ/（或 /ɛ/ 与 /æ/）。与此同时，许多规范参与者主要（甚至完全）依赖元音持续时间，这可能是因为他们没有两个独立的、光谱定义的感知连续统端点表征。因此，用于评估参与者感知英语元音准确性的一种方法是确定他们的识别响应从一个反应类别变为另一个反应类别的程度，作为每个连续统中 11 步频谱操作的函数。

图 5.3a 显示了 80 名非母语参与者的元音产生与英语感知准确度之间的关系。x 轴显示了由于合成元音刺激中的频谱操作而发生的 /i/ 反应的百分比。y 轴显示了参与者产生的频谱差异的大小（即在二维人声空间中绘制的两个元音测量值之间的欧氏距离，B2–B2 与 B1–B0）。随着共振峰频率的改变，参与者改变他们的识别越多，/i/ 和他们产生的频谱差异越大，$r=0.529$，$p<0.01$。类似地，如图 5.3b 中 /ɛ/–/æ/ 所示，感知实验中 /æ/ 响应的增加越大，参与者在 /ɛ/–/æ/ 之间产生的频谱差异就越大，$r=0.523$，$p<0.01$。

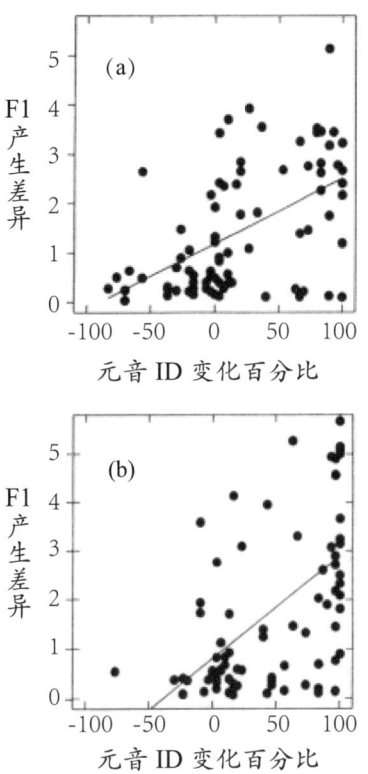

图 5.3（a，b） 英语元音之间关于产生与感知频谱质量差异的关系

（数据来自 Flege，Bohn 和 Jang，1996）

刚才报告的两种产生—感知的相关性都很显著，但它们的规模并不大。这并不影响这样的观点，即在 L2A 中，产生的准确性受制于感知的准确性。事实上，如果感知的准确性是产生准确性的先决条件，但却不能保证产生的准确性，便正是我们所期望的那样。对图 5.3（a，b）中个别参与者数据的检查表明，随着频谱质量的变化，在判断上表现出很大（因此类似于英语）变化的参与者显示出产生精确度的范围很广。与此同时，大多数表现出对频谱质量感知程度不大的参与者在英语元音之间也产生了很小的频谱差异。

当然，一般情况下也有个别例外。因此，我们进行了以下分析，以确定感知不准确的参与者是否也倾向于产生不准确的元音。根据他们在识别实验中的表现，非母语参与者被分配到 3 个子组之一。那些在刺激中 F1 值增加后，/i/ 减少 80% 以上的人（$n=18$）被指定为"准确"感知者。那些表现出 10%—79%（$n=22$）变化的人被指定为"中等准确"感知者；那些在预期方向上表现出小于 10% 的变化（$n=40$）的人被指定为"不准确"感知者。"准确"感知者（$M=2.6$ 人声）比"中等准确"感知者（$M=1.7$ 人声）产生了更显著的光谱差异，而后者又比"不准确"感知者（$M=0.8$ 人声；$p<0.05$）产生了明显的光谱对比。同样，我们发现 /ɛ/–/æ/ 连续统的 30 个"准确"感知者和 28 个"中等准确"感知者在这两个元音之间产生了明显大于"不准确"感知者的频谱对比（2.9 和 1.2 对比 0.8 人声；$p<0.05$）。

辅音

Flege（1993）考察了中国参与者对英语词尾 /t/ 和 /d/ 的产生和感知。这种语音对比是有意义的，因为汉语单词没有通过发音不同的词尾阻塞来区分。该研究侧重于元音持续时间。在诸如 bead 和 beat 之类的词中，以英语为母语的人在 /d/ 之前的元音发音比 /t/ 长。如果被要求识别一个模糊的词尾停顿是 /d/ 还是 /t/，相对较长的元音会引发以英语为母语的人对 /d/ 的感知。参与的中国人中有 30 人是晚期双语者。他们在抵达美国时，作为成年人首次定期接触英语；另外 9 人是在 10 岁之前到达美国的早期双语者。晚期和早期双语者在以 /d/ 结尾的英语单词中的元音明显长于 /t/（$p<0.01$），但晚期双语者的对比量明显小于母语为英语的对照者和早期的汉英双语者（$p<0.01$）。

Flege（1993）的一项平行感知实验评估了汉英双语者使用元音持续时间作为塞音中发声特征的提示。开发的两个 17 个成员的感知连续统都由自然产生的英语 CVC 单词组成，其中原始元音持续时间以这样一种方式改变，即母语为英语的人听到的是以 /d/ 结尾的单词（产生最长的元音刺激）还是以 /t/ 结尾的单词（产生最短的元音刺激）。此外，使用了调整的方法。在一个使用 beat–bead 连续统的环节中，参与者被要求选择代表 beat 最佳示例的连续统成员。在使用同一连续统的第二个环节中，他们被要求选择代表 bead 的最佳示例。在使用 bat–bad 连续统的两个环节中，参与者被要求选择 bat 或 bad 的最佳例子。

Flege（1993）研究的两组汉英双语者都选择了元音明显较长的刺激物作为 /d/ 结尾的英语单词的最佳实例，而非 /t/ 结尾的。然而，晚期双语者的知觉影响幅度明显小于母语为英语的对照组或早期双语者（$p<0.01$）。因此，双语者对元音持续时间的感知和生产性使用似乎彼此平行。事实上，双语者在 /t/ 结尾与 /d/ 结尾单词中产生的元音持续时间差异的大小，与作为 /t/ 结尾与 /d/ 结尾单词的最佳实例的刺激之间观察到的元音持续时间差异的大小之间有明显的相关性，

$r=0.535$，$p<0.01$。

最近研究检查词首英语塞音辅音的产生和感知中的语音起始时间（voice onset time，VOT）维度也表明，在 L2 语音的习得过程中，产生和感知在音段层面是相关的。这项研究（Flege 和 Schmidt，1995；Schmidt 和 Flege，1995）调查了 40 名以西班牙语为母语的人——他们在年轻时来到美国。参与者对两个合成连续统的成员进行评判。根据 VOT，连续统中的刺激物被以英语为母语的对照参与者听成 /bi/、/pi/ 或夸张的 /pi/（即带有过多吸音的塞音）。一个连续统由短时程 CV 组成，模拟快速的说话速度；另一个由长时程 CV 组成，模拟较慢的说话速度。

参与者对随机呈现的两个连续体的成员作为英语 /p/ 类别的实例的良好度进行评分。如图 5.4 所示，以英语为母语的对照组参与者对具有比英语 /p/ 典型值短的 VOT 值的刺激给予低评价。随着 VOT 的增加，他们的好感度也在增加；但当 VOT 增加到超过英语的典型值时，他们的好感度开始系统地下降。以英语为母语的参与者表现出"内部类别结构"。对他们来说，与其他刺激相比，某些刺激是 /p/ 的更好示例。

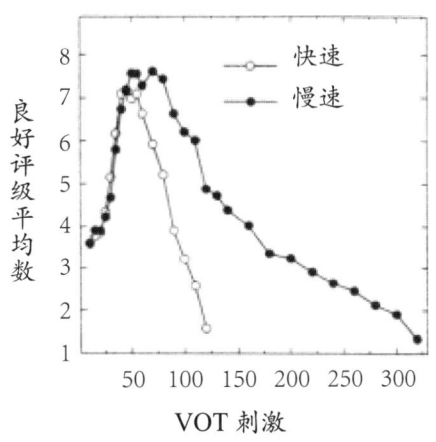

图 5.4　从以英语为母语的参与者获得的对两种语音起始时间（VOT）连续性的平均好感度：一种是模拟快速说话的速度，一种是模拟较慢的速度

（数据来自 Flege 和 Schmidt，1995）

每个参与者都要确定获得最高评级刺激物的 VOT 值，称为首选 VOT 值。以英语为母语的参与者产生的 VOT 值与其感知偏好的 VOT 值之间存在显著的相关

性，r=0.536，p<0.01（类似结果见 Newman, 1996）。也就是说，以英语为母语的参与者产生的 /p/ 的 VOT 值相对较长，他们倾向于选择 VOT 值相对较长的刺激物。④ 这种对齐的证据与 Bever（1981）的假设并不矛盾，因为这种对齐可能是在 L1A 期间，在一个关键期结束之前建立的。然而，在其他研究中，以西班牙语为母语的参与者获得的结果确实与 Bever 的假设背道而驰。

在西班牙语中，/p/ 是以短滞后的 VOT 值产生的，而不是英语中典型的长滞后 VOT 值。据观察，在成年期学习英语的以西班牙语为母语者会产生清音的英语塞音，例如 /p/，其 VOT 值范围从类似于西班牙语的短滞后 VOT 值到符合（甚至超过）英语的长滞后 VOT 标准的值。

Flege 和 Schmidt（1995）确定了 40 名西班牙晚期双语者所说的英语句子中外国口音的总体程度，将评分最低的 20 名参与者分配到非熟练组，将评分最高的 20 名参与者分配到相对熟练的子组。熟练的参与者产生的 VOT 值与其感知偏好的 VOT 值之间的相关性是显著的，r=0.489，p<0.01；而对于非熟练的以西班牙语为母语的参与者观察到的相关性不显著，r= –0.004，p >0.10。这一发现表明，随着非母语成年人熟练掌握 L2，他们的产生和感知是一致的。

类别形成

总结到目前为止的证据，似乎成年学习者的 L2 整体发音和他们的理解能力是相关的。然而，感知 L2 句子中口音程度的能力可能比 L2 句子发音的能力发展得更快，或者说程度更高。

在音段层面，已发现产生和感知准确性之间存在适度的相关性。段落的产生和感知似乎并不像 Bever（1981）所假设的那样独立发展。为什么到目前为止观察到的音段生产和感知之间的相关性不大？一个可能的解释：因为并非所有的参与者在调整他们的感知以符合目标 L2 声音模式时，都会在产生中进行类似的调整。如果感知在 L2A 中"引导"产生，那么已经观察到的适度的相关性正是我们所期望的。使用 Bever（1981）创造的一个术语，某些成年学习者可能尚未将他们所学到的关于感知的知识转移到语音发音领域。

由于观察到的相关关系较小，也可能会提出其他解释。例如，虽然音段语音对比是基于多个维度的，但大多数已发表的研究都集中在一个维度上。有可能除

---

④ 刚刚报告的发现仅适用于慢速连续统。排除了偏好 VOT 值可疑的两名熟练参与者的结果。

了研究中所考察的维度外，其他维度因在一个或两个领域的学习而发生了变化。或者由于测量错误或实验设计中的某些不足之处，产生和感知之间更强的潜在关系可能被掩盖了。例如，言语产生样本可能代表了速度较快的语音，而语音感知数据可能代表了以较慢速度产生的谨慎语音。

为什么观察到的 L2 产生感知相关性往往显著但较弱？另一个可能的解释：尚未研究最有意义的感知变量。根据 SLM（Flege，1995），类别形成对 L2 学习者产生 L2 元音和辅音的准确性有很大影响。类别形成的概念意味着表现上的不连续性。在这种情况下，比较已形成和未形成类别的参与者的音段水平表现，可能比在 L2 语言环境中比较整体 L2 熟练度或 AOA 不同的参与者群体更有成效。

有一些初步证据支持产生准确性与类别形成有关的假设。Flege，MacKay 和 Meador（1998）以两种方式激发了 11 个英语元音的产生。这两种激发方法中的一种被认为可能需要英语元音类别的存在。被研究的参与者有 3 组，每组 18 名以意大利语为母语的人，每组来到加拿大的平均年龄分别为 7、13、19 岁，以及一组英语对照组。⑤ 这些参与者都是加拿大渥太华的长期居民，平均年龄为 48 岁。在测试时，这些以意大利语为母语的参与者平均在加拿大生活了 34 年，估计平均有 31% 的时间说意大利语。

Flege 等人（1998）的研究中，参与者被给出一份 CVC 单词列表，这样他们就可以阅读并听到所说的元音。对于每个被研究的元音，参与者在通过扬声器听到单词后，首先重复一个包含单个元音的 4 个真实单词序列（例如：read、deed、heed、bead）。在第二次听到同样的 4 个单词序列后，参与者将所有 4 个单词中的元音（/i/，在给出的例子中）插入到 /b_do/ 框架中。在第三次也是最后一次呈现这 4 个词的序列后，他们将 /bVdo/ 非单词（其中 V= 所有 4 个实词共有的元音）插入到一个载体短语中（I say____again and again "我一遍又一遍地说____"）。数字化后，每个元音的产生被随机呈现在单独的区块中（每个被研究的元音一个），给来自渥太华的以英语为母语者进行良好评级。每个区块中哪个为预期元音会事先让听众知道。

图 5.5a 显示了 4 个英语元音在意大利语中具有不同发音对应的良好评级。图中分别显示了在真实单词中产生的元音（即 4 个单词序列中最后一个单词的元

---

⑤ 另一组 AOA 为 7 岁的以意大利语为母语的参与者由很少说意大利语的人组成。正如交互假设所预期的那样，他们的表现更像以英语为母语的对照组，而不是与 AOA 相匹配的参与者，因为后者报告说意大利语的频率更高。

音)⑥ 和在 /b_do/ 框架中说出的元音（即插入到载体短语中的非单词）的平均评分。母语为意大利语的参与者在发出 /i ɛ o u/（所有这些在意大利语中都有对应的词）时的准确度随着 AOA 的变化而有所下降。然而，4 组参与者在单词和非单词中产生这些元音的准确性几乎没有差异，因此在检验 /i ɛ o u/ 的优度等级的 ANOVA 中，组 × 元音交互不显著，$F(3, 68) = 2.4$, $p > 0.05$。

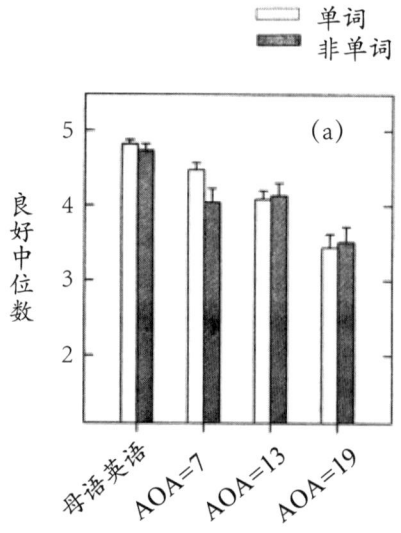

图 5.5（a） 英语元音与意大利语对应的平均良好等级

然而，如图 5.5b 所示，4 个英语元音得到了不同的结果。这 4 个元音与意大利语语库中的任何元音都不一样，即 AOA 为 7 岁和 13 岁的以意大利语为母语的参与者在真实单词中产生这些元音时，与英语为母语的对照组没有显著差异（$p > 0.10$）。然而，与其他两组的参与者不同，他们在非单词中的准确度明显低于在实词中产生的准确度，并且明显低于以英语为母语的对照组（$p < 0.01$）。这导致了显著的双向交互，$F(3, 68) = 15.8, p < 0.001$。⑦

---

⑥ 图 5.5 所示的实词条件下的元音是 bead, bid, bed, bad, bode, hood, booed, bird 中的元音。

⑦ 条件对平均 AOA 为 19 岁的以意大利语为母语的参与者缺乏影响，可归因于这样一个事实：他们在真实单词中的生成非常不准确，以至于进一步降低非单词条件的准确性实际上是不可能的。

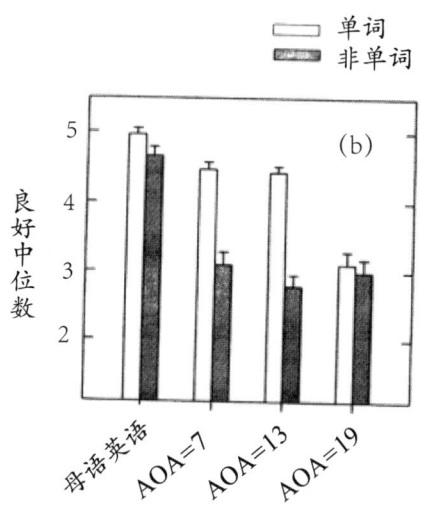

图 5.5（b） 在意大利语中无对应的英语元音的平均良好等级

为了准确地产生非单词，以意大利语为母语的参与者必须识别在 4 个真实单词中听到的元音，在工作记忆中保持该元音一段时间，然后在 /b_do/ 语境中产生代表的元音，从而形成一个非单词。AOA 为 7 岁和 13 岁的以意大利语为母语的参与者在产生过程中遇到的困难不太可能是由于记忆力限制。一方面，他们在非单词中产生的英语元音，在意大利语中也有对应的元音（即 /i ε o u/），并没有比在单词中更准确。另一方面，评估参与者的语音 STM 的方法是让他们重复由 2—5 个意大利语 CV 音节连接而成的非单词。AOA 为 7 岁和 13 岁的参与者在非单词重复能力方面与其他组没有差异。这些参与者在真实单词条件下的发音与以英语为母语的参与者一样准确。这一事实表明他们能够在肌动上准确地表达这些元音。因此，以意大利语为母语的参与者对非单词的不准确产生很可能是由于缺乏对这些元音的长期记忆表征，或者是表征没有像英语为母语的对照组那样与标记物紧密结合。

最近还有两项与类别形成问题有关的研究，考察了 10 名西班牙晚期双语者对英语 /p/ 的产生和感知（Flege, Schmidt 和 Wharton, 1996; Schmidt 和 Flege, 1996）。参与者将慢速和快速 VOT 连续统（见前面部分）进行评分，以确定其是否为英语 /p/ 的实例。如前图 5.4 所示，在两组 VOT 刺激中，从母语为英语的对照组得到的评分函数与模拟说话速率不同。更具体地说，英语对照对具有 50 到 125 毫秒 VOT 值的刺激给出了不同的优良等级。例如，VOT 为 75 毫秒的刺激会被判断为 /p/ 的更好实例（若它出现在慢速音节中而非快速音节中）。这种对母语为英语的参与者所观察到的速率依赖性感知处理，与我们在英语单语者的语音生产中观察到的不同速率的 VOT 产生变化密切相关。

鉴于西班牙语的短时滞 /p/ 显示 VOT 作为语速的函数变化不大（Schmidt 和 Flege, 1995），一个令人感兴趣的问题是西班牙晚期双语者是否也会表现出与语速相关的处理证据。他们可能会显示出内部类别结构的证据（图 5.4 中看到的评级上升—下降），只需认识到英语 /p/ 比西班牙语 /p/ 具有更长的 VOT 值，并且 VOT 值超出了标准英语（"夸张的" /p/ 标记），不会出现在人类语言中。然而，如果他们没有英语 /p/ 的长期记忆表征，他们似乎也不太可能表现出速度依赖性的处理（即他们的良好评级作为语速的函数而发生系统性转变）。

图 5.6（a）显示了 4 名西班牙晚期双语者（共 10 名）获得的平均良好评级，他们产生英语 /p/，其类似西班牙语的短时滞 VOT 值范围为 13 到 18 毫秒。当将刺激评价为英语 /p/ 的实例时，这 4 名参与者几乎没有表现出语速操纵的影响。

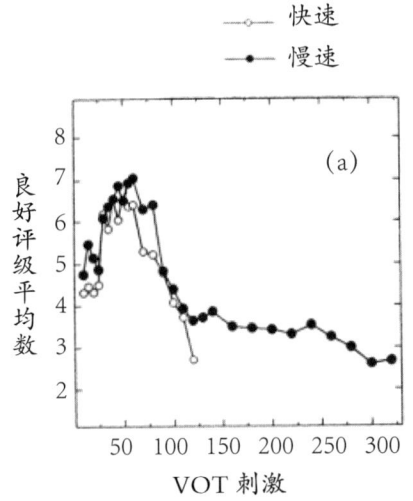

图 5.6（a） 两种语音起始时间（VOT）连续性的平均良好度：一种是模拟快速说话的速度，一个是模拟较慢的速度，由 4 名西班牙晚期双语者获得，他们各自用类似西班牙语的短时滞后 VOT 值来产生英语 /p/（数据来自 Flege 和 Schmidt, 1995）

与此同时，如图 5.6（b）所示，产生英语 /p/ 且具有 41—68 毫秒[⑧] 的类似英语的长滞后 VOT 值的 4 名参与者确实显示出速度依赖性的处理证据。

---

⑧ 研究中的其余 2 名参与者（未显示其评分）产生的英语 /p/ 的 VOT 值介于西班牙语和英语的典型值之间。

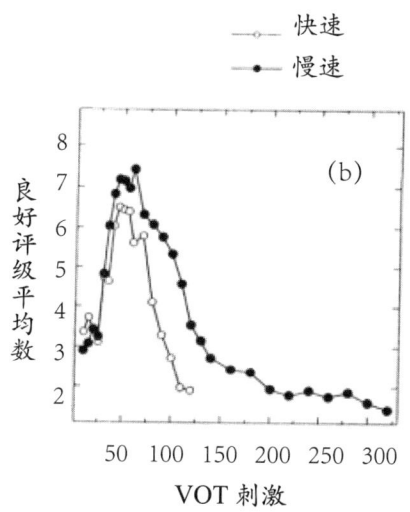

图 5.6（b） 两种语音起始时间（VOT）连续性的平均良好度：一种是模拟快速说话的速度，一种是模拟较慢的速度，由 4 名西班牙晚期双语者获得，他们各自用类似英语的长滞后 VOT 值来产生英语 /p/（数据来自 Flege 和 Schmidt，1995）

有人可能会推测，他们能够准确地产生英语 /p/ 是因为他们已经为它建立了一个语音类别。当然，在接受这种解释之前，还需要进行更多的纵向研究来评估。确定教授以英语为母语的参与者准确地产生长时滞停顿，是否会促进速率依赖性处理也很有价值（参见 Bradlow、Pisoni、Yamada 和 Tohkura，1996）。如果有这样的发现，它将破坏感知准确性先于并限制 L2 音段生产准确性的说法。

总　结

在第一部分中，我们介绍了最近研究的结果，即学习 L2 的年龄和 L2 中的外国口音程度之间的关系。研究结果表明，发音的准确性随着年龄的增长而线性下降，与认为外国口音的出现是由于度过了一个成熟的关键期的观点不一致。随后，我们描述了另外一些假设。这些假设可能会被提出以解释这样一个事实，即 L2 在发音方面越早越好。L2 发音的准确性可能会下降，不是因为一个人失去了学习发音的能力，而是因为他已经学会了 L1 的发音。所呈现的结果表明，一个人的 L2 发音准确性随着他的 L1 发音好坏，以及他说 L1 的频率而变化。

我们接下来考虑了 Bever（1981）提出的 CPH。它比大多数 CPH 更具体（因此可测试）。Bever 提出，当人类失去调整声音（元音和辅音）的产生以符合他们对声音的感知表征的能力时，语音学习的关键期就结束了。提出的经验证据否定了这一假说。其他研究表明，在元音和辅音的产生和感知的准确性之间存在着适度但却非常显著的相关关系。

根据 SLM（Flege, 1995），L2 学习者为 L2 元音和辅音建立新类别的可能性随着接触 L2 学习年龄的自然增长而降低。还假设特定 L2 元音或辅音的类别形成的可能性同它与最接近的 L1 元音或辅音的感知语音差异程度直接相关。在第四部分中，我们提出了与这些假设和观点（Flege, 1995）相一致的结果，即 L2 语段产生的准确性受到为 L2 元音和辅音开发的感知表征的准确性限制。

如前所述，一个值得进一步测试的假设是，晚期双语者有时会对 L1 中没有的英语发音建立语音类别表征。那些确实建立了 L2 语音类别表征的人在发声时可能比那些没有建立的人更准确。如果这个假设是正确的，那么未来研究产生和感知之间的关系应该使用类别形成的离散测试，而不是（或除了）对特定感知"线索"（例如，元音持续时间，VOT）感知的连续测试。与音段研究相比，这种研究策略可能会对感知—产生关系有更深入的了解。

在本章结束之前，应该提出一个警告：我们目前不确定是什么原因促成了类别的形成。因此，谨慎的做法是对以下可能性持开放态度：类别的形成是由发现产生新的 L2 语音对比的发音手段所促成的；而感知的微调是由 L2 声音如何产生的隐性知识所介导的。在研究这些问题和其他重要问题时，我们必须面对一个严重障碍：目前尚不存在一种公认的方法来测试新语音类别的形成（Flege, 1998）。为了实施此处提出的研究策略，必须开发一种可靠的方法。

未来研究另一个有希望的途径是研究训练的效果。Yamada 和 Bradlow 的研究（Bradlow 等，1996；Yamada, Tohkura, Bradlow 和 Pisoni, 1996）表明，训练对感知新的 L2 语音对比的改进会导致在没有语音生成训练的情况下更准确地生成 L2 对比训练。复制和扩展这些研究发现将是有价值的。此外，还有一点值得探究，即在没有感知训练的情况下，训练非母语者产生新的或困难的对比，是否会导致他们对 L2 对比的感知也有相应的改善。

致　谢

这项研究得到了国家耳聋和其他交流障碍研究所的 DC00257 和 DC02892 资助。笔者感谢以下个人对此项研究的重要贡献：Elaina Frieda, Hua Liu, Diane Meador, Ian R.A. MacKay, Murray J.Munro, Takeshi Nozawa 和 Grace Yeni-Komshian。

参考文献

Anisfeld, M., Anisfeld, E., & Semogas, R. (1969). Cross-influences between the phonological systems of Lithuanian-English bilinguals. *Journal of Verbal Learning and Verbal Behavior, 8,* 257-261.

Best, C. (1995). A direct realist view of cross-language speech perception. In W. Strange (Ed.), *Speech perception and linguistic experience: Theoretical and methodological issues* (pp. 171-206). Timonium, MD: York Press.

Bever, T. (1981). Normal acquisition processes explain the critical period for language learning. In K. Diller (Ed.), *Individual differences and universals in language learning aptitude* (pp. 176-198). Rowley, MA: Newbury House.

Bongaerts, T., Planken, B., & Schils, E. (1995). Can late learners attain a native accent in a foreign language? A test of the critical period hypothesis. In D. Singleton & Z. Lengyel (Eds.), *The age factor in second language acquisition* (pp. 30-50). Clevedon, England: Multilingual Matters.

Bradlow, A., Pisoni, D., Yamada, R., & Tohkura, Y. (1996). Training Japanese listeners to identify English /r/ and /l/: IV. Some effects of perceptual learning on speech production. *Journal of the Acoustical Society of America, 101,* 2299-2310.

Churchland, P. (1986). *Neurophilosophy,* Cambridge, MA: MIT Press.

Cook, V. (1995). Multicompetence and effects of age. In D. Singleton & Z. Lengyel (Eds.), *The age factor in second language acquisition* (pp. 51-66). Clevedon, England: Multilingual Matters.

Cutler, A., Mehler, J., Norris, D., & Segui, J. (1989). Limits on bilingualism. *Nature, 340,* 229-230.

Dunkel, H. (1948). *Second language learning.* Boston: Ginn & Company.

Edelman, G. (1989). *The remembered present: A biological theory of consciousness.* New York: Basic Books.

Elman, J. (1993). Learning and development in neural networks: The importance of starting small. *Cognition, 48,* 71-99.

Flege, J. E. (1987). A critical period for learning to pronounce foreign languages? *Applied Linguistics, 8,* 162-177.

Flege, J. E. (1988a). Factors affecting degree of perceived foreign accent in English sentences. *Journal of the Acoustical Society of America, 84, 70–79.*

Flege, J. E. (1988b). The production and perception of speech sounds in a foreign language. In H. Winitz (Ed.), *Human communication and its disorders, a review 1988* (pp. 224–401). Norwood, NJ: Ablex.

Flege, J. E. (1992a). The intelligibility of English vowels spoken by British and Dutch talkers. In R. Kent (Ed.), *Intelligibility in speech disorders: Theory, measurement, and management* (pp. 157–232). Amsterdam: John Benjamins.

Flege, J. E. (1992b). Speech learning in a second language. In C. Ferguson, L. Menn, & C. Stoel–Gammon (Eds.), *Phonological development, models, research, and applications* (pp. 565–604). Parkton, MD: York Press.

Flege, J. E. (1993). Production and perception of a novel, second– language phonetic contrast. *Journal of the Acoustical Society of America, 93, 1589–1608.*

Flege, J. E. (1995). Second–language speech learning: Findings, and problems. In W. Strange (Ed.), *Speech perception and linguistic experience: Theoretical and methodological issues* (pp. 233–273). Timonium, MD: York Press.

Flege, J. E. (1998). Assessing non–natives' perception of English vowels: A categorial discrimination test. *Applied Linguistics.*

Flege, J. E., Bohn, O.-S., & Jang, S. (1997). The production and perception of English vowels by native speakers of German, Korean, Mandarin, and Spanish. *Journal of Phonetics, 25, 437–470.*

Flege, J. E., & Fletcher, K. (1992). Talker and listener effects on the perception of degree of foreign accent. *Journal of the Acoustical Society of America, 91, 370–389.*

Flege, J. E., Frieda, A. M., & Nozawa, T. (1997). Amount of nativelanguage (L1) use affects the pronunciation of an L2. *Journal of Phonetics, 25, 169–186.*

Flege, J. E., MacKay, I. A. R., & Meador, D. (1998). Effects of age and L1 use on non–native subjects' production and perception of English vowels. *Journal of the Acoustical Society of America.*

Flege, J. E., Munro, M. & MacKay, I. (1995). Factors affecting degree of perceived foreign accent in a second language. *Journal of the Acoustical Society of America, 97, 3125–3134.*

Flege, J. E. & Schmidt, A. M. (1995). Native speakers of Spanish show rate-dependent processing of English stop consonants. *Phonetica, 52,* 90–111.

Flege, J. E., Schmidt, A. M., & Wharton, G. (1996). Age of learning affects rate-dependent processing of stops in a second language. *Phonetica, 53,* 143–161.

Genesee, F., Hamers, J., Lambert, W., Mononen, L., Seitz, M., & Starck, R. (1978). Language processing in bilinguals. *Brain and Language, 5,* 1–12.

Grosjean, F. (1982). *Life with two languages: An introduction to bilingualism.* Cambridge, MA: Harvard University Press.

Ho, D. (1986). Two contrasting positions on second-language acquisition: A proposed solution. *International Review of Applied Linguistics, 24,* 35–47.

Hurford, J. (1991). The evolution of the critical period for language acquisition. *Cognition, 40,* 159–201.

Kuhl, P. & Meltzoff, A. (1996). Infant vocalizations in response to speech: Vocal imitation and developmental change. *Journal of the Acoustical Society of America, 100,* 2425–2438.

Kuijpers, C. T. L. (1996). Perception of the voicing contrast by Dutch children and adults. *Journal of Phonetics, 24,* 367–382.

Lamendella, J. (1977). General principles of neurofunctional organization and their manifestation in primary and non-primary language acquisition. *Language Learning, 27,* 155–196.

Lenneberg, E. (1967). *Biological foundations of language.* New York: Wiley.

Long, M. (1990). Maturational constraints on language development. *Studies in Second Language Acquisition, 12,* 251–285.

Mack, M. (1986). A study of semantic and syntactic processing in monolinguals and fluent early bilinguals. *Journal of Psycholinguistic Research, 15,* 463–488.

Macnamara, J. (1973). Nurseries, streets, and classrooms. *The Modern Language Journal, 57,* 250–254.

Marchman, V. A. (1993). Constraints on plasticity in a connectionist model of English past tense. *Journal of Cognitive Neuroscience, 5,* 215–234.

McLaughlin, B. (1977). Second-language learning in children. *Psychological Bulletin, 84,* 438–459.

Meador, D., Flege, J. E., & MacKay, I. R. A. (1997). Nonnatives' perception of English sentences presented in noise. *Journal of the Acoustical Society of America,* 101(A), 3129.

Neville, H., Mills, D., & Lawson, D. (1992). Fractionating language: Different neural subsystems with different sensitive periods. *Cerebral Cortex,* 2, 244−258.

Newman, R. (1996). Individual differences and the perception−production link. *Journal of the Acoustical Society of America,* 99, 2592.

Oyama, S. (1973). *A sensitive period for the acquisition of a second language.* Unpublished doctoral dissertation, Harvard University.

Oyama, S. (1979). The concept of the critical period in developmental studies. *Merrill-Palmer Quarterly,* 25, 83−103.

Oyama, S. (1982a). A sensitive period for the acquisition of a nonnative phonological system. In S. Krashen, R. Scarcella, & M. Long (Eds.), *Child-adult differences in second language acquisition* (pp. 20−38). Rowley, MA: Newbury House.

Oyama, S. (1982b). The sensitive period for the comprehension of speech. In S. Krashen, R. Scarcella, & M. Long (Eds.), *Child-adult differences in second language acquisition* (pp. 39−51). Rowley, MA: Newbury House.

Paradis, M. (1993). Linguistic, psycholinguistic, and neurolinguistic aspects of the "interference" in bilingual speakers: The activation threshold hypothesis. *International Journal of Psycholinguistics,* 9, 133−145.

Patkowski, M. (1990). Age and accent in a second language: A reply to James Emil Flege. *Applied Linguistics,* 11, 73−89.

Penfield, W., & Roberts, L. (1959). *Speech and brain mechanisms.* Princeton, NJ: Princeton University Press.

Pisoni, D. (1995). Some thoughts on "normalization" in speech perception. *Research on Spoken Language Processing, Progress Report No. 20,* 3−30. Speech Research Laboratory, Dept, of Psychology, Indiana University.

Rochet, B. (1995). Perception and production of L2 speech sounds by adults. In W. Strange (Ed.), *Speech perception and linguistic experience: Theoretical and methodological issues* (pp. 379−410). Timonium, MD: York Press.

Romaine, S. (1995). *Bilingualism.* Oxford, England: Blackwell.

Schmidt, A. M., & Flege, J. E, (1995). Effects of speaking rate changes on native and non-native production. *Phonetica, 52*, 41–54.

Schmidt, A. M., & Flege, J. E. (1996). Speaking rate effects on stops produced by Spanish and English monolinguals and Spanish/ English bilinguals. *Phonetica, 53*, 162–179.

Scovel, T. (1969). Foreign accents, language acquisition, and cerebral dominance. *Language Learning, 19*, 245–253.

Scovel, T. (1988). *A time to speak: A psycholinguistic inquiry into the critical period for human speech.* New York: Newbury House/Harper & Row.

Selinker, L. (1972). Interlanguage. *International Review of Applied Linguistics, 10*, 209–231.

Singleton, D. (1989). *Language acquisition: The age factor.* Clevedon, England: Multilingual Matters.

Weber-Fox, C., & Neville, H. (1992). Maturational constraints on cerebral specialization for language processing: ERP and behavioral evidence in bilingual speakers. *Neuroscience Abstracts, 18,* 335.

Weinreich, U. (1953). *Languages in contact.* New York: Linguistic Circle of New York.

Yamada, R., Tohkura, Y., Bradlow, A., & Pisoni, D. (1996). Does training in speech perception modify speech production? *Proceedings of the ICSLP-96.*

Yeni-Komshian, G., Flege, J. E., & Liu, H. (1997). Pronunciation proficiency in L1 and L2 among Korean-English bilinguals: The effect of age of arrival in the US. *Journal of the Acoustical Society of America, 102(A),* 3138.

第六章　第二语言发音的最终习得：第二语言高阶学习者的个案研究

西奥·邦加尔茨（Theo Bongaerts）

荷兰奈梅亨大学

30多年前，Lenneberg（1967）提出了一个假设，即可能在2岁和青春期之间存在一个学习语言的关键期。他认为，由于神经可塑性的丧失，在这一时期结束后，语言就不能再完全成功地被习得。Lenneberg的主张并不局限于口音的习得，而Scovel（1969，1988）则认为发音是语言表现的一个领域，受到关键期的限制。他的论点：发音是"语言中唯一具有神经肌肉基础的方面"，需要"神经运动参与"，并且具有"物理现实"（Scovel，1988：101）。他预测，晚于12岁左右开始学习第二语言（second language，L2）的学习者将永远无法"冒充母语者"，并且"最终很容易被认定为该语言的非母语者"（1988：185）。显然，这样的论点和预测取决于这样的假设，即基于神经的基本能力在青春期开始时就会不可逆转地丧失。[①]

除了神经学上的解释，学者们还提出了各种其他解释，以解释与年龄相关的

[①] 然而，应该指出的是，Scovel（1988）考虑到了可能存在一些"超级异常"的L2学习者的可能性——在任何人群或成年学习者中大约有千分之一。他们不受语言的生物学限制的关键期的约束。事实上，Schneiderman和Desmarais（1988），Novoa、Fein和Obler（1988），Ioup、Boustagui、El Tigi和Moselle（1994），以及Ioup（1995）在1988—1995年发表的许多研究成果记录了个别案例或L2学习方面的超级天才。我们不在这里讨论这些案例，只观察到刚才提到的案例研究的作者提供的证据表明，他们的参与者之所以能取得非凡的语言学习成功，是因为有两个因素将他们与学习者中"正常"的语言人群区分开来——一种特殊的语言大脑组织和高发生率的特征（例如，左撇子、双胞胎、自身免疫性疾病、同性恋）。根据Geschwind和Galaburda（1985）的说法，这与天赋有关。在这方面，他们似乎与本章讨论的高阶学习者明显不同。对此类案例的回顾和讨论，参见Bongaerts（1997）。我们进一步注意到，在特殊L2A方面的研究并不总是针对达到母语熟练程度的学习者，也会关注那些取得异常快速进步的学习者。对于这两种类型的成功，天赋的组成部分可能并不相同。

L2 语音的口音差异。例如，Flege（1992a, 1992b, 1995）认为外国口音可能很大程度上是基于感知的。在他的论证中，两种言语感知模式之间的区别——连续模式和分类模式（参见 Wode, 1993, 1994, 1995）起着核心作用。连续模式涉及对语音之间微小差异的感知。例如，不同说话者在不同语音上下文中对给定语音类别实现之间的差异。与此同时，分类模式意味着只关注那些表示不同类别声音之间对比的声音线索，如 /b/ 和 /d/。虽然学习母语（native language，本章用 L1 指代）的年幼儿童最初非常依赖连续模式，但他们很快就开始将他们的感知调整到那些表示语音对比的声音线索上，到 7 岁时已经形成了稳定的 L1 语音类别。他们的感知强烈地受到这些类别的指导（Flege, 1992a, 1992b, 1995）。

如前所述，发音习得关键期的观点是基于这样的假设：幼儿所具有的一些基本能力不再适用于成年学习者。那么，目前需要解决的问题是，是否有证据表明，后期 L2 学习者言语中典型的外国口音实际上是由于原始感知能力的丧失，还是因为这些口音的出现仅仅是由于在一定年龄后获得这些能力变得更加困难（Wode, 1993）。现在有大量的经验证据（Best, McRoberts 和 Sithole, 1988; Klein, 1995; Neufeld, 1977, 1978; Rochet, 1995; Werker, 1994, 1995; Werker 和 Logan, 1985; Werker 和 Tees, 1983）表明，第一种可能性必须被排除。Flege（1992a, 1992b, 1995）提供了支持第二种可能性的论据。他自己的研究使他得出结论：出现外国口音的主要原因之一是 L2 学习者一旦确定了他们 L1 的类别，就会倾向于根据这些类别来感知 L2 声音，特别是在 L1 声音接近 L2 声音的情况下。然而，应该指出的是，Flege 的立场并不排除这样的可能性，即一些学习者最终会弄清 L2 的语音类别。这样做的人将是能够以某种方式重新激活连续感知模式。

一个相关的问题：外国口音是否可以归因于真实发音所需的原始肌动能力的丧失。在一篇文章中，Klein（1995）观察到，尽管众所周知，复杂而精细的肌动控制（没有它，L2 中的地道口音无法被习得）会随着年龄的增长而变得越来越困难，没有证据表明在进入成年之前，他称之为"语言处理器"（language processor）的这种生物学成分会发生任何剧烈的变化。换句话说，Klein 认为，高阶学习者在准确产生新的语音系统方面没有绝对的障碍。Neufeld（1977, 1978）的一项研究支持了 Klein 的发现。他在对年轻人进行的实验中表明，他们并没有失去成功模仿他们完全不知道的语言中短语的能力。

还有人将年轻学习者相对于年长学习者的成功与经验和社会心理因素联系起来（例如，Schumann, 1975, 1978）。有人认为，与成年学习者相比，年轻的学习者通常会从母语人士那里获得更多且更多样化的输入，并且有内在的动力去习得类似母语水平的 L2。然而，Klein（1995）指出，并不总是说成年人接受的输入不充分，语言学习者的积极性就低。Klein 认为：事实上，如果一个学习者能持续从母语者那里获得大量的 L2 输入，并且，他认为他的口音听起来像母语者是至关重要的事情，那么尽管起步较晚，他还是有可能获得类似母语的口音。

证 据

现在让我们考虑一下 Scovel（1988）预测的经验证据，即在经过一定年龄之后，L2 的真实发音是无法实现的。在他们的文献综述中，Long（1990，1993）和 Patkowski（1994）得出结论，这一预测得到了集体研究证据的支持。Long（1990: 206）是这样总结他的发现的："除非第一次接触的时间相当早，很多人可能在 6 岁之前，其余的人大约在 12 岁之前，否则不可能有类似母语的口音。"有趣的是，在支持 Scovel（1988）的主张的同时，Long（1990）的结论还表明：（a）所谓的关键期结束不存在明确的分界点；（b）即使在这一时期的边界内，同一年龄段的学习者在习得至母语的程度上也有很大的差异性。② 这些发现可以被解释为，表明年龄的生物学因素只是决定因素之一，尽管可以说是成功实现 L2 的真实发音的一个重要因素。

Long（1990，1993）和 Patkowski（1994）所回顾的研究都为 Scovel 的说法提供了支持。但应该指出，这种结果至少有一部分可能是由于参与者的选择因素造成的。Long（1990，1993）也暗示了这种可能性。实际上，尽管所调查的研究都是针对第二语言习得（Second language acquisition, L2A）中的年龄差异问题，没有一项研究是专门为确定（至少是某些高阶学习者）是否有可能最终在 L2 中习得类似母语的口音而设计的。为了得出关于这个问题的结论性研究结果，正如 Long（1990，1993）所建议的那样，最终习得研究必须在他们的设计中包括高阶学习者。

---

② Flege、Munro 和 MacKay（1995）最近的一项研究表明，即使非常早开始学习英语也不能保证达到类似母语者的水平。该研究检查了平均在加拿大生活了 32 年且自述每天使用英语多于意大利语的意大利人的外国口音。作者报告说，在 4 岁之前开始学习英语的参与者中，有不少于 22% 的人未能习得地道的英语口音。

本章目标

在本章中,笔者报告了三项研究,其中两项针对荷兰的英语学习者,一项针对荷兰的法语学习者。这些研究都是在奈梅亨大学进行的,其目的是找出是否可以确定一些学习者(尽管起步较晚)已经习得了很好的 L2 发音,以至于母语听众会认为他们是以该语言为母语者。这些研究和 Birdsong(1992),Van Wuijtswinkel(1994),White 和 Genesee(1996)对语法能力领域的类似研究一样,受到 Long 建议的启发,即未来的最终习得研究应该关注非常高阶的学习者。因此,笔者在本章中回顾的研究,都在他们的设计中包含了一组经过仔细筛选的、高阶的学习者。由于篇幅原因,笔者无法对这三项研究中的任何一项进行全面介绍。相反,笔者简要地总结了第一项研究的设计和主要发现,并就第二项和第三项研究的核心内容提供了更详细的信息。

第一项研究[③]

这项研究共有 3 组参与者:一个由 5 名以英式英语为母语者组成的对照组和两组学习者。一组学习者由 10 名荷兰的英语学习者组成。他们是由英语作为外语(English as a Foreign Language,EFL)的专家推荐的,被认为是高阶学习者,并且精通英式英语。该组中的英语学习者是我们研究的主要参与者。另一组学习者由 12 名不同水平的英语学习者组成。这些学习者中没有人在 12 岁之前接受过英语教学。所有参与者都提供了 4 个英语演讲样本:他们简要讲述了最近的假期经历,并朗读了一篇简短的文章,10 个句子和 25 个单词的列表。4 位没有语言学背景知识的以英式英语为母语者使用 5 分制量表对 4 个语音样本的口音进行评分,范围从 1(非常重的口音:绝对是非母语)到 5(完全没有外国口音:绝对是母语)。该研究最重要的结果:评委似乎无法区分高阶学习者组和讲母语的对照组。此外,还出现一些我们显然没有预料到的结果:(a)分配给母语者组的平均分数相当低(3.94);(b)在高阶的学习者组中,有一半的参与者得到的评分高于任何一个母语者。我们假设这些意外结果的解释能够在母语人士组和评委组的构成中找到。前一组的参与者来自英格兰南部或中部地区。他们的发音带有一些地域特征。这组高阶学习者中的参与者都接受了强化训练,可以说英式英

[③] 关于这项研究的完整报告,参见 Bongaerts、Planken 和 Schils(1995)。

语的超区域变体，也就是所谓的标准英音（Received Pronunciation，RP）。评委们都住在英格兰北部的约克。我们推测，评委们可能倾向于给讲超区域英语的学员打高分，而不是给那些讲他们可能不太熟悉的区域口音英语的学员打高分。然而，由于这些仅仅是推测，我们决定进行一项后续实验。在此实验中，我们注意使母语者对照组和评委在他们所讲的英语种类方面更紧密地匹配。

第二项研究[④]

参与者

与第一个实验一样，有3组参与者：

第一组由10名以标准英语为母语的人组成（平均年龄27岁）。他们都说英式英语，带有"中性"的超区域口音。这是大多数荷兰学校的教学目标。他们是从最初实验招募的许多候选人中挑选出来的。只有那些在调查问卷上表示他们说的英语没有地方口音，并且我们在听了他们提供的4种不同的语音样本后判断他们没有地方口音的候选人，才被邀请参加。

第二组由11名以荷兰语为母语的人（平均年龄42岁）组成，其中9人也参加了第一项研究。他们被选为实验对象是因为大学里的EFL专家认为他们是非常成功、高阶的学习者，对英式英语的掌握非常好。据报道，参与者在12岁左右进入中学之前只是通过荷兰媒体偶然接触到英语输入。在中学期间，他们每周接受两个小时的英语教学，由以荷兰语为母语的人讲授，且这些人在大多数时候并不使用英语作为教学语言。高中毕业后，他们都在大学学习英语，第一次接触到大量的英语输入。在大学的第一年，他们还接受了英式英语超区域变体RP发音方面的强化指导。在他们学习的最后阶段，大多数参与者在英国的大学度过了一年的海外时光。在实验期间，11名参与者中除了2人之外，都在荷兰大学或荷兰教师培训机构教授英语。所有参与者在问卷中都表示，对他们来说，拥有非常好的英语发音是非常重要的。

第三组由20名以荷兰语为母语的人（平均年龄30岁）组成。他们的英语熟练程度差异很大。这个小组由英语、荷兰语和历史系的学生，以及来自不同系的教授组成。

---

④ 有关更多详细信息，特别是关于语音样本的准备和程序及扩展讨论，参见 Bongaerts，Van Summeren，Planken 和 Schils（1997）。

语音样本

所有参与者都朗读了以下 6 个句子，共三遍：

（1）Arthur will finish his thesis within three weeks.（亚瑟将在三周内完成他的论文。）

（2）My sister Paula prefers coffee to tea.（我姐姐宝拉更喜欢咖啡而不是茶。）

（3）The lad was mad about his dad's new fad.（小伙子对他父亲的新时尚很生气。）

（4）Mat's flat is absolutely fantastic.（马特的公寓绝对很棒。）

（5）It's a pity we didn't go to the city.（可惜我们没有去城里。）

（6）You'd better look it up in a cookbook.（你最好在食谱里查一下。）

挑选这些句子是因为，它们包含的音位范围从与荷兰音位非常相似到非常不同。实验中只使用参与者的最后两个版本（以下分别称为第一版本和第二版本），除非它们包含不规则的内容，如口误。

判定及程序

语音样本由 13 名以英式英语为母语的人（平均年龄 44 岁）进行评判。他们是从大量候选人中挑选出来的。使用的标准如下：他们的教育水平应与本研究中的荷兰参与者相当；他们必须是英国居民；最重要的是，他们必须说标准的英式英语，没有地方口音。候选评委所提供的自发的语音样本使我们能够确定他们是否符合后一项标准。13 名评委符合所有标准：其中 6 名现在或曾经是 EFL 教师或语音学家（有经验的评委）；7 名在高中毕业后没有接受过任何语言或语言学的正式培训（无经验的评委）。

对于每个评委，我们都准备了一盘独特的磁带，其中包含 12 组语音样本，每组包含所有 41 名参与者的一个句子的发音。在每组中，参与者的顺序是随机的。这 12 组样本按以下顺序分配给评委：前 6 组包含句子的第一版本，按 1、2、3、4、5、6 的顺序呈现；后 6 组包含第二版本，顺序为 5、3、1、6、4、2。评委对所有语音样本（2×6×41=492）的口音进行了与第一项研究相同的 5 分制评分。他们被告知，他们会听到由不特定比例的母语和非母语者说英式英语的句子。

结果

我们首先计算了分配给每个参与者的分数,并在 12 个样本(6 个句子的两个版本)和 13 个评委中取了平均值。这些分数呈现在表 6.1 中。

表 6.1 不同样本和评委的参赛者平均分数

1[a] 组 参考与者	M	2[b] 组 参与者	M	3[c] 组 参与者	M	3[c] 组 参与者	M
1	4.75	11	4.75	22	2.88	32	1.46
2	4.93	12	4.32	23	3.04	33	3.10
3	4.94	13	4.47	24	1.88	34	3.76
4	4.67	14	4.65	25	1.53	35	3.26
5	4.86	15	4.18	26	1.79	36	2.43
6	4.93	16	4.93	27	1.92	37	4.14
7	4.93	17	4.71	28	3.92	38	1.74
8	4.90	18	4.32	29	3.18	39	3.57
9	4.72	19	4.83	30	1.60	40	2.47
10	4.74	20	4.72	31	1.90	41	2.29
		21	4.83				

[a]M=4.84. [b]M=4.61. [c]M=2.59.

观察表 6.1 可以发现,以英语为母语的人(1[a] 组)获得了非常高的分数:个人平均值为 4.67 至 4.94,群体平均值为 4.84,远高于第一项研究中以英语为母语的人的平均值 3.94。该表还显示,高阶学习者(2[b] 组)也获得了高分:他们的平均值为 4.18 至 4.93,群体平均值为 4.61。

在进一步分析 3 组参与者的分值差异之前,我们首先想确定是否有理由在此分析中忽略有经验的评委和无经验的评委之间的区别。为此,我们采用了以下程序。首先,我们计算了 13 位评委评分模式之间的欧几里得距离。每个模式包含 492 个评级,每个参与者样本组合一个评级。其次,我们构建了一个人工模式,称之为"严格模式"。这种模式是通过首先计算 492 个参与者样本组合中的每一个的平均值和所有 13 名评委的标准差,然后将模式严格定义为代表一个假想的评委,其评分比平均值低 1.5 个标准差。最后,我们分析了有经验的评委和无经验的评委在评分模式与严格模式距离方面的差异。该分析显示,无经验的评委评分模式与严格模式的平均距离为 2.82(SD=1.02);而有经验的评委评分模式与严格模式的平均距离为 2.26(SD=1.04)。应用 Mann–Whitney 检验的结果是 z

为 0.57（p=0.57，双尾）。基于这一结果，我们决定在进一步分析数据时忽略有经验的评委和无经验的评委之间的区别。

为了检查 3 组参与者之间的差异，我们采用了类似的程序。这次我们计算了 41 名参与者的得分模式之间的欧几里得距离。每个模式包含 156 个评级，每个评委样本组合一个评级。我们还定义了一个人工模式，称之为"最大模式"。它代表一个假想的参与者，所有 13 名评委对所有 12 个样本都给出了 5 分。对 3 组参与者的得分模式与最大模式的距离进行分析后发现，母语者的距离最小（平均为 0.17；SD=0.09），第二组参与者的距离稍大（平均为 0.41；SD = 0.41），第三组参与者的距离更大（平均为 2.61；SD = 0.99）。第三组与其他两组之间的差异即使未经测试也很明显。母语者组和高阶的学习者组之间的差异也被证明是显著的：应用 Mann–Whitney 检验的结果是 z 为 2.82（p=0.004，双尾）。

然而，这项研究的主要目的是要弄清楚是否至少可以确定一些学习者的分数与母语者的分数相当。因此，我们接下来的分析集中在个体学习者上。在这些分析中，我们采用了 Flege 等人（1995）在研究加拿大的意大利移民所讲的英语中感知到的外国口音强度时所采用的本土化标准。他们认为，如果参与者被要求说出的句子的平均评分与他们研究中英语为母语的人得到的平均评分相差不超过两个标准差，则他们说这些句子时就具有地道的、类似母语的口音。表 6.2 显示了采用 Flege 等人的"z<2"标准对各个参与者的评分进行分析的结果。

表 6.2 所有参与者"母语相似度"标准得分

1[a] 组参与者	z	2[b] 组参与者	z	3[c] 组参与者	z	3[c] 组参与者	z
1	1.70*	11	0.98*	22	25.06	32	40.41
2	−1.10*	12	5.73	23	22.92	33	22.17
3	−1.16*	13	3.53	24	37.26	34	13.77
4	0.34*	14	2.41	25	40.86	35	20.07
5	−0.10*	15	6.69	26	37.26	36	29.77
6	−1.26*	16	0.28*	27	35.67	37	5.59
7	0.33*	17	2.64	28	8.57	38	37.62
8	−0.44*	18	4.80	29	19.75	39	13.88
9	0.64*	19	0.14*	30	40.17	40	27.99
10	1.06*	20	1.12*	31	35.62	41	30.77
		21	0.66*				

[a]M=0.00. [b]M=2.63. [c]M=27.26.

注：*=（类似）母语

如表 6.2 所示，在第二组中，有 5 名在表中被标有星号的学员（11：$z=0.98$；16：$z=0.28$；19：$z=0.14$；20：$z=1.12$；21：$z=0.66$）符合这一标准。换句话说，这种基于各句子平均得分的分析得出的结论：5 名高阶学习者的发音可以被定性为真实的。如果我们对 6 个句子中的每一个句子都采用同样的程序呢？该分析的结果见表 6.3。

表 6.3 高阶学习者每句话"母语相似度"标准分值

参与者	句子 2	句子 3	句子 1	句子 4	句子 6	句子 5	M
16	−0.96*	−0.48*	0.80*	−0.51*	−0.42*	1.89*	0.05
19	−0.82*	−0.84*	0.81*	0.17*	1.48*	0.31*	0.19
21	−0.52*	−0.71*	0.60*.	0.94*	1.81*	1.99*	0.69
20	−0.84*	1.27*	0.96*	0.87*	0.15*	3.87	1.05
11	−0.95*	−0.06*	0.37	0.38*	−0.12*	9.53	1.53
14	0.61*	0.09*	2.88	0.54*	2.50	2.99	1.60
17	−0.22*	−0.38*	0.66*	3.22	3.19	13.95	3.40
13	0.69*	0.75*	−0.03*	4.00	4.02	13.05	3.75
18	0.68*	2.62	−0.26*	6.50	3.16	11.69	4.07
15	1.74*	3.75	5.58	5.96	4.68	11.05	5.46
12	3.25	0.89*	2.77	4.01	10.85	11.14	5.49
M	0.24	0.63	1.38	2.37	2.85	7.41	

注：*=（类似）母语

在该表中，第二组的每个学习者的母语相似度标准得分都按句子列出。在 $z<2$ 标准所定义的母语者范围内的评分用星号标出。该表显示，有 5 名高阶学习者在句子 1、2、3、4、6 上达到了母语相似的标准，其中 3 名也达到了句子 5 的标准。相比之下，表 6.3 中未显示分数的母语人士在所有 6 个句子上均符合标准。因此，我们可以得出结论：使用非常严格的标准，我们已经能够识别出一些学习者。这些学习者在本研究中始终能够说服以英语为母语的评委。他们是以英式英语为母语的人。

有人可能会反对，鉴于英语在荷兰媒体中与其他外语相比具有突出的地位，这些实验结果可能无法推广到本研究以外的 L1–L2 配对或其他学习环境中。这种考虑促使我们设立了第三项研究。

第三项研究[⑤]

本研究的目的是确定第二项研究的结果是否可以在涉及 L1–L2 配对的实验中复制。L1 和 L2 在类型学上的相关性低于荷兰语和英语，因为它们都是日耳曼语。本研究中的学习者是学习法语（一种罗曼语）的荷兰人。在此实验中选择法语作为 L2 的另一个原因是，学习者通过荷兰媒体接触到法语输入的机会很小。此研究的设计与第二项研究的设计非常相似。

参与者

同样，有 3 组参与者：

第一组由 9 名以标准法语为母语的人（平均年龄 36 岁）组成。他们都说带有"中性"超区域口音的法语。他们是从最初为实验招募的许多候选人中挑选出的。我们排除了所有在问卷中表明他们说的法语带有地方口音的候选人，以及被那些在大学里以法语作为外语（French as a Foreign Language，FFL）的专家在听了他们提供的自发录制的语音样本后判断为带有地方口音的人。

第二组由 9 位母语为荷兰语的人（平均年龄 40 岁）组成。他们是由大学的 FFL 专家推荐的，被认为是高阶法语学习者。这些学习者在 12 岁之前都没有接受过法语教学。从 12—18 岁，他们在高中每周接受 2—3 个小时的法语教学，至少在最初，法语课主要是用荷兰语而非法语进行。在学校之外，接触法语的机会很少，除了一些参与者曾在法国度假。在本研究期间，参与者要么是法语专业的大学高年级学生，要么是受雇于荷兰中等或高等教育机构的法语教师或教授。以这种身份，他们中的大多数人在法国度过了长达一学年的时间。所有参与者都在调查问卷中表示，他们认为拥有非常好的法语发音很重要。

第三组由 18 名以荷兰语为母语的人（平均年龄 33 岁）组成。他们的法语熟练程度有很大不同。

语音样本

从所有参与者那里获得了两组语音样本：第一组由 10 个句子组成，被朗读三遍：

[⑤] Palmen, Bongaerts 和 Schils（1997）也展现了接下来描述的实验的第一部分。本章首次展示了第二部分实验的结果。

（1）Jacques est bien arrivé chez mes anciens amis anglais.（雅克安全抵达我的英国老朋友那里。）

（2）Jules César alla chercher ses javelots chez les Germains.（尤利乌斯·凯撒去德国人那里拿他的标枪。）

（3）Il va falloir que tu te fasses valoir.（你将不得不炫耀。）

（4）Geneviève songe que la vie est longue mais très vide.（吉纳维夫认为生命很长，但很空虚。）

（5）Avec ce brouillard horrible j'allumerais mes phares.（有了这可怕的雾，我会打开前灯。）

（6）C'est une drôle d'idée de tirer les rideaux.（拉窗帘是个有趣的主意。）

（7）Dans le garage Gaston fait des exercices de prononciation.（加斯顿在车库里做发音练习。）

（8）Il parle du livre formidable sur la table ovale.（他谈到椭圆形桌子上那本很棒的书。）

（9）Le huit juillet j'arriverai en Suisse.（7月8日，我将抵达瑞士。）

（10）Nous cachions l'assiette que nous avions cassée.（我们把打碎的盘子藏了起来。）

这些句子对以荷兰语为母语的人来说有些困难。我们在实验中只使用每个参与者最后一次尝试阅读的句子，除非它们包含不规则的内容，如口误。

第二组由 27 个短语组成，每个短语都以 Je dis 开头，然后是一个 CV 空位，其中 C 位置由 3 个辅音之一填充，为占据 V 位置的 9 个不同元音提供 3 种不同的语音环境。我们决定对元音给予特别关注，因为众所周知，荷兰学习者很难习得法语元音的真实发音，特别是当它们出现在开音节中时。通过刚才的程序，产生了以下 27 种组合（以下称为"框架"），被大声朗读了三遍：

Je dis ...

i	pis	ti*	lit
e	pé*	thé	lé
a	pas	ta	la
y	pu	tu	lu
ø	peu	teu*	leu*

u	pou	tout	loup
õ	peau	taux	lot
ɔ̃	pont	ton	long
ɑ̃	pan	tant	lan*

27 个 CV 空位中有 5 个用星号标记，没有填充现有的法语单词，而是填充了与对应项目一致的拼写序列。因此，用 ti 代替 t'y，用 lan 代替 lent。在阅读框架之前，参与者被告知，Je dis... 之后的一些 CV 组合是我们编造的，并不构成真正的法语单词。我们通常使用他们第三次朗读的框架用于实验。然而，一些参与者在最后一次朗读时倾向于采用与前两次尝试不同的语调模式。在这些情况下，第二次朗读被用于实验。

判定及程序

语音样本由 10 位以法语为母语的人（平均年龄 34 岁）进行评判。他们是从许多的候选人中挑选出来的，使用的程序和标准与第二项研究中采用的非常相似。最终入选的 10 名评委中，有 5 名是以法语作为外语的语音学或语言学教授或优秀大学生（有经验的评委），另外 5 人在高中毕业后没有接受过法语、外语或语言学方面的正式培训（无经验的评委）。

对于每个评委，我们都准备了一盘独特的磁带，其中依次包含 5 组句子、5 组框架、5 组句子和 4 组框架。每组句子由所有 36 名参与者发音的一个句子组成，参与者的顺序是随机的。这几组句子的顺序对每位评委来说都是不同的。我们认为，让评委对所有 36 名参赛者的 27 个句子（包含 3 种不同语音背景下的 9 个元音，即前面有 /p/、/t/ 或 /l/）进行评分，是一项过于疲劳的任务。因此，我们决定构建 9 组框架。每个目标元音一个框架。这样每个框架将包含：（a）每个参与者对一个元音的发音；（b）不同参与者在 3 种不同的语音环境中对一个元音的 4 种发音。此外，与句子一样，在每组框架中，参与者的顺序是随机的，而且每一位评委收到的顺序也不同。

评委们被要求使用前两项研究中所使用的 5 分制的法语翻译对所有句子（10×36=360）进行评分。对于框架（9×36=324），评委们只对每个框架指出他们认为它是由以法语为母语者还是由非母语者说的。评委们被告知，他们将听到由不特定比例的以法语为母语者和非母语者提供的语音样本。

结果：句子

在分析句子的结果时，我们采用了与第二项研究中使用的相同的程序。表6.4显示了每个参与者在10个句子和10个评委中的平均评分。

表6.4显示，母语者（1ᵃ组）得到的分数范围为4.36至4.86，群体均值为4.66；高阶学习者（2ᵇ组）的分数范围为3.15至4.88，群体均值为4.18。

表6.4　不同句子和评委的参与者平均分数

1ᵃ组参与者	M	2ᵇ组参与者	M	3ᶜ组参与者	M	3ᶜ组参与者	M
1	4.57	10	3.99	19	3.07	28	1.61
2	4.86	11	3.15	20	1.29	29	3.17
3	4.82	12	4.58	21	2.10	30	2.95
4	4.80	13	4.12	22	2.23	31	2.33
5	4.63	14	3.94	23	1.53	32	1.57
6	4.84	15	4.88	24	2.09	33	2.54
7	4.60	16	4.31	25	3.01	34	2.27
8	4.50	17	4.48	26	1.63	35	2.19
9	4.36	18	4.20	27	1.81	36	2.74

ᵃM=4.66.　ᵇM=4.18.　ᶜM=2.23.

为了确定将两组评委的数据合并起来是否合理，我们首先计算了10位评委评分模式之间的欧几里得距离。每个模式包含360个评分，每个参与者句子组合一个。接下来，我们根据前面的程序，构建了一个人工模式，称为"严格模式"。最后，我们分析了有经验的评委和无经验的评委在评分模式与人工模式严格的距离方面的差异。结果显示，无经验的评委的评分模式与严格模式的平均距离为2.56（SD=0.98），而有经验的评委的评分模式与严格模式的平均距离为2.77（SD=1.04）。应用Mann–Whitney检验的结果是z为0.52（P=0.60，双尾）。因此，我们决定将两组评委的评分合并起来进行后续分析。

为了研究3组参与者之间的差异，我们再次计算了欧几里得距离。这次是在36名参与者的评分模式之间，每个模式包含100个评分，每个评分代表一个判断—句子组合。与第二项研究一样，我们再次定义了一个人工模式，称为最大值。对3组参与者的得分模式与理想模式最大值的距离进行分析后发现，母语者与理想模式最大值的距离平均为0.35（SD=0.19），高阶学习者与理想模式最大值的距离平

第六章 第二语言发音的最终习得：第二语言高阶学习者的个案研究

均为0.88（$SD=0.54$），第三组参与者与理想模式最大值的距离平均为3.07（$SD=0.64$）。第三组和其他两组之间的差异立即显而易见。母语人士和高阶学习者之间的群体差异也很显著：应用 Mann–Whitney 检验的结果是 z 为 2.43（$p=0.015$，双尾）。

然而，如果我们采用 Flege 等人（1995）的母语相似度标准并将其应用于个体学习者，我们会发现有一些学习者符合该标准，如表6.5 所示。

表 6.5 所有参与者"母语相似度"标准得分

1[a] 组参与者	z	2[b] 组参与者	z	3[c] 组参与者	z	3[c] 组参与者	z
1	1.06*	10	3.76	19	9.70	28	17.97
2	−1.10*	11	9.02	20	19.77	29	8.72
3	−0.87*	12	0.54*	21	15.22	30	10.05
4	−0.86*	13	3.10	22	14.46	31	14.07
5	0.14*	14	4.16	23	18.50	32	18.26
6	−1.02*	15	−1.13*	24	15.34	33	12.55
7	0.27*	16	1.81*	25	10.02	34	14.05
8	0.85*	17	1.18*	26	17.92	35	14.57
9	1.53*	18	3.02	27	17.05	36	21.31

[a]$M=0.00$. [b]$M=2.83$. [c]$M=14.97$.

注：*=（类似）母语

在表6.5 中，分数在 $z<2$ 标准定义的母语范围内的参与者用星号标记。结果发现，第二组中有4名参与者的分数与母语者相似（12：$z=0.54$；15：$z=-1.13$；16：$z=1.81$；17：$z=1.18$）。在随后的分析中，我们对10个句子中每个句子的评分都采用了同样的程序。该分析的结果显示在表6.6 中。表6.6 给出了母语者（组1）和第二组学习者（组2）每个句子的母语相似度标准分数。后一组参与者中符合本土化标准的分数用星号标出。不符合此标准的母语人士的分数在表中用双星号标出。如果我们看一下个别参与者的分数，可以发现，在我们的整体分析中符合标准的4名参与者中，1人（15）在所有句子上都达到标准，2人（12和17）在8个句子上达到标准，1人（16）只在6个句子上达到了标准。相比之下，在表6.6组1中，有3名以法语为母语的人在所有10个句子上未能完全达到标准：1名参与者（9）3句未达到标准，1名参与者（1）1句未达到标准，还有1名参与者（7）在1句话上略微没有达到标准。这些分析的综合结果使我们得出结论：在实验的句子阅读部分，可以确定有3名学习者的表现达到了母语者水平。

表 6.6　母语者和高阶学习者每句话"母语相似度"标准分值

	句子										
	1	2	3	4	5	6	7	8	9	10	M
组 1											
1	−0.03	0.53	−0.04	0.32	−0.31	0.04	−0.33	−0.67	2.46**	0.80	0.28
2	−1.00	−0.70	−0.68	−0.90	−0.93	−1.42	−0.33	0.82	−0.57	−1.00	−0.67
3	−1.95	−0.74	−0.30	0.37	0.14	−0.73	−0.83	−1.22	−0.21	0.24	−0.52
4	0.85	−0.71	−0.86	−0.90	−0.41	0.47	−0.83	−0.93	−0.57	−1.00	−0.49
5	0.39	0.60	0.16	−0.90	−0.67	0.78	1.39	1.54	−0.75	−1.00	0.15
6	0.25	−1.52	−0.06	−0.90	−0.31	−0.82	−0.82	0.26	−0.57	−0.08	−0.46
7	0.50	−0.01	−0.04	0.54	−0.46	0.20	0.31	−0.61	−0.18	2.00**	0.22
8	−0.38	0.92	−0.68	0.32	0.53	1.93	1.88	−0.41	−0.16	0.40	0.44
9	1.36	1.63	2.49**	2.03**	2.41**	−0.45	−0.44	1.23	0.55	−0.36	1.04
组 2											
10	2.94	3.25	1.61*	1.85*	2.08	2.11	6.20	0.36*	−0.10*	2.22	2.03
11	5.59	5.22	7.11	8.59	2.84	3.15	5.24	6.09	1.30*	6.76	5.19
12	−1.00*	2.85	1.54*	0.71*	−0.10*	−0.72*	−0.44*	−0.36*	−0.57*	2.76	0.47
13	4.14	1.12*	2.06	1.99*	0.96*	0.29	3.53	1.14*	0.72*	3.70	1.96
14	11.06	−0.70*	1.43*	5.28	1.98*	0.66*	1.99*	1.95*	1.08*	1.83*	2.66
15	−1.49	−0.29*	−1.19*	−0.89*	−0.82*	−0.88*	−0.83*	−1.23*	−0.48*	−0.13*	−0.82
16	4.25	2.43	4.59	3.49	−0.18	1.21*	−0.03*	0.04*	0.06	0.83*	1.67
17	0.24*	−1.51*	3.60	0.33*	1.92*	0.02*	2.25	1.20*	−0.57	0.54*	0.80
18	1.28*	3.29	2.50	0.43*	0.86*	−0.75*	−0.44*	0.80*	3.58	2.14	1.37
M	3.00	1.74*	2.58	2.42	1.06*	0.56*	1.94*	1.11*	0.56*	2.29	

注：*= 学习者 $z<2$（类似母语）；**= 学习者 $z>2$。

结果：框架

在这部分实验中，评委必须决定给定的样本是由法语为母语的人发音还是由该语言的非母语人士发音。在第一次总体分析中，我们计算了每个参与者被判定为以法语为母语者的频率。计算结果见表 6.7，其中参与者被判定为母语人士的次数以百分比表示，是 9 个框架和 10 位评委的平均数。

如表 6.7 所示，以法语为母语者（1[a]组）被判定为母语者的次数范围为 61.1% 至 95.6%（M 组 =85.6%）；第二组学习者（2[b]）的相应百分比范围为 25.6% 至 93.3%（M 组 =60%）；第三组学习者（3[c]组）的相应百分比为 0 至 60%（M 组 =16.6%）。

表 6.7　所有参与者在不同框架和评委中被识别为母语者的平均数（以百分比表示）

1ᵃ 组 参与者	%	2ᵇ 组 参与者	%	3ᶜ 组 参与者	%	3ᶜ 组 参与者	%
1	61.1	10	55.6	19	38.9	28	1.1
2	94.4	11	36.7	20	1.1	29	28.9
3	83.3	12	80.0	21	8.9	30	6.7
4	92.2	13	66.7	22	22.2	31	24.4
5	86.7	14	35.6	23	1.1	32	13.3
6	86.7	15	93.3	24	14.4	33	27.8
7	84.4	16	65.6	25	60.0	34	0.0
8	85.6	17	81.1	26	3.3	35	4.4
9	95.6	18	25.6	27	4.4	36	37.8

ᵃ$M=85.6$.　ᵇ$M=60.0$.　ᶜ$M=16.6$.

和以前一样，我们想知道在我们随后对数据进行更详细的分析时，是否有理由忽略有经验的评委和无经验的评委之间的区别。因此，我们再次计算了评委评分模式之间的欧几里得距离。为了进行这些计算，我们给所有被判断为由母语者说出的框架赋值为 1 分，给那些被判断为由非母语者发音的框架赋值为 0 分。每个评级模式包括 324 个评级，每个参与者框架组合一个。我们还定义了一种人工模式，称为"严格模式"。它被解释为代表一个虚构的评委，为所有语音样本评分。接下来，我们分析了有经验的评委和无经验的评委的评分模式之间的差异，即他们与严格模式的距离。无经验的评委的评分模式与该模式的平均距离为 2.25（$SD=1.13$）；而有经验的评委的评分模式与该模式的平均距离为 2.72（$SD=0.79$）。应用 Mann–Whitney 检验的结果是 z 为 0.73（$p=0.465$，双尾）。因此，在随后的分析中，我们忽略了有经验的评委和无经验的评委之间的区别。

接下来，使用欧几里得距离来研究参与者群体之间的差异。该距离是在 36 名参与者的得分模式之间计算的，每个模式包括 90 个评级，每个评级框架组合一个。和以前一样，还创建了一个人工最大模式。这个模式代表了一个假想的参与者——他的发音在所有框架上都被判定为"母语"。之后，计算参与者的得分模式与理想模式最大值之间的距离。该分析表明，母语者（1ᵃ 组）与理想模式最大值的平均距离为 0.45（$SD=0.39$），第二组学习者（2ᵇ 组）与理想模式最大值的平均距离为 1.48（$SD=0.97$），第三组学习者（3ᶜ 组）与理想模式最大值的平均距离为 3.16（$SD=0.56$）。和实验的第一部分一样，说母语的组和高阶学习者组之间的差异是显著的（Mann–Whitney: $z=2.60$; $p=0.009$）。

因此，结论是，高阶学习者作为一个群体的表现优于母语人士。但这个结论是否也适用于所有学习者个人呢？为了回答这个问题，我们再次将 Flege 等人（1995）的母语相似性标准应用于个体学习者。结果显示在表 6.8 中。

表 6.8 显示，在句子上符合上述标准的 4 名参与者在框架上也符合（12：$z=0.36$；15：$z=-0.74$；16：$z=1.91$；17：$z=0.46$）。在讲母语的人中，有 1 人（1：$z=2.50$）没有达到这个标准。

表 6.8 所有参与者"母语相似度"标准得分

1[a] 组参与者	z	2[b] 组参与者	z	3[c] 组参与者	z	3[c] 组参与者	z
1	2.50	10	2.97	19	5.27	28	8.20
2	−0.80*	11	5.35	20	8.19	29	5.87
3	0.04*	12	0.36*	21	7.77	30	7.78
4	−0.52*	13	2.08	22	6.65	31	6.51
5	−0.16*	14	5.53	23	8.15	32	7.23
6	−0.01*	15	−0.74*	24	7.33	33	6.53
7	−0.25*	16	1.91*	25	2.72	34	8.20
8	0.04*	17	0.46*	26	8.02	35	7.90
9	−0.87*	18	6.29	27	7.97	36	5.54

[a]$M=0.00$.　[b]$M=2.67$.　[c]$M=6.99$.

注：*=（类似）母语

表 6.9 分别给出了对 9 个框架中的每一个框架应用相同程序的结果。

表 6.9 中给出了第二组的母语者和学习者在每一框架中的母语相似度标准分数，符合标准的学习者的分数用星号标记，不符合标准的母语人士的分数用双星号标出。如表 6.9 所示，在总体分析中符合标准的 4 名参与者中，有 3 名（12、15 和 17）在 9 个框架中有 8 个框架符合标准。4 名参与者中的 1 名（16）和另 1 名在整体分析中未能达到标准的参与者（13：$z=2.08$，见表 6.8），在 6 个框架上的标准分数低于 2（见表 6.9）。相比之下，在讲母语的人中，1 人（1）在两个框架上不符合标准，另 1 人（2）在一个框架上不符合标准。我们可以从这项研究中得出的结论：3 位高阶学习者（我们已经确定）已经成功地习得了地道的、类似母语的法语口音。

表 6.9 每一框架母语者和高阶学习者"母语相似度"标准分数

	框架									
	1	2	3	4	5	6	7	8	9	M
组 1										
1	2.42**	1.78	1.91	1.93	0.88	1.48	2.24**	1.80	1.52	1.77
2	−0.78	−0.12	−1.00	−0.84	−0.95	−2.03**	−0.55	−1.04	0.51	−0.76
3	0.09	−0.31	−1.00	0.80	1.31	−0.52	0.69	−1.04	0.15	0.02
4	−0.78	−0.97	−0.11	−0.17	−0.64	0.38	−1.01	0.36	−1.18	−0.46
5	−0.20	0.84	−1.00	0.90	−0.95	−0.74	0.18	0.50	−0.75	−0.14
6	−0.38	−0.31	−0.26	−0.83	1.47	0.10	−0.02	−0.37	−0.57	−0.13
7	−0.78	−0.50	0.85	−0.13	0.24	0.73	−0.26	0.99	1.32	0.27
8	0.37	0.94	0.73	−0.83	−0.41	0.39	−0.26	−0.15	0.16	0.10
9	0.04	−1.36	−0.11	−0.83	−0.95	0.22	−1.01	−1.04	−1.16	−0.69
组 2										
10	2.66	2.96	4.72	1.18*	−0.95*	1.74*	4.51	−1.04*	1.38*	1.91
11	0.75*	3.38	6.06	2.41	1.87*	−0.90*	2.79	7.09	5.55	3.22
12	0.18*	−0.97*	−0.11*	0.99*	0.13*	4.18	−0.28*	0.76*	1.58*	0.72
13	1.60*	−0.47*	3.46	1.37*	0.68*	5.24	1.78*	2.51	1.11*	1.92
14	2.84	2.04	5.00	2.00	1.88*	4.04	5.03	5.81	3.66	3.59
15	−0.78*	−0.51*	−0.11*	−0.33*	−0.21*	−2.03	−1.02*	−1.04*	0.26*	−0.64
16	0.94*	−0.47*	3.75	1.18*	1.85*	−0.53*	2.20	0.39*	3.37	1.41
17	0.67*	−0.97*	−0.12*	−0.20*	−0.96*	−0.90*	3.17	0.39*	0.50*	0.18
18	2.75	3.01	3.25	2.80	1.83*	9.04	5.37	6.50	4.95	4.39
M	1.29	0.89	2.88	1.27*	0.68*	2.21	2.62	2.37	2.48	

注:*= 学习者 $z<2$(类似母语);**= 学习者 $z>2$。

结论和探讨

根据那些支持口音关键期概念的人的主张,在一个特定的、生物性的时间段之后,不可能在 L2 中习得类似母语的发音。与以往大多数关于最终习得的年龄相关差异的研究不同,本章总结的三项研究是专门为检验这一主张而设计的。每项研究都包含精心挑选的一组高阶(成功的)学习者。这些学习者——具有荷兰语 L1 背景的英语或法语学习者——至少在最初,主要是在高中的教学环境中学习 L2。他们直到 18 岁进入大学学习英语或法语时,才大量接触到目标语言的母语者的输入。从这三项研究的综合结果中得出的主要结论:其中一些学习者的发音一直被以该语言为母语的听众判断为类似母语的，或者说是真正的母语。我们认为，这样的结果可被当成证据，表明关于在外语中习得类似母语的口音存在绝对的生物障碍这一说法过于激烈。

话虽如此，还应该指出的是，在发音领域习得母语相似度似乎是一个相当特殊的现象。需要解决的问题：是什么让我们实验中发现的优秀学习者与一般不太成功的学习者如此不同？对于这个问题，我们还远不能给出一个结论性的答案，因为我们没有对这些学习者的具体特征进行详细研究。因此，我们不知道这些学习者与不太成功的学习者在认知变量（如语言能力、认知风格或学习策略的使用）、情感变量（如焦虑、同理心）或 Guiora（1990，1991）所说的自我渗透性方面有何不同。

然而，根据我们对研究中的高阶学习者学习历史的了解，我们想说的是，以下学习者和语境因素的结合可能对他们的成功起到了重要作用。在引言中，我们提到了 Klein（1995）的建议，即对于后期的 L2 学习者来说，如果听起来像母语者对他们来说是非常重要的，并且他们能够持续获得大量的、真实的 L2 输入，那么他们就可以习得类似母语的口音。正如我们研究中参与者的描述所表明的那样，这两个因素对于高阶学习者来说显然是有效的。他们都是积极性很高的人，认为能够说不带荷兰口音的英语或法语对他们来说非常重要，而且从 18 岁左右进入大学开始就接受了大量的母语者的输入。 另一个重要的学习背景因素可能是我们在其他地方（Bongaerts, Van Summeren, Planken 和 Schils, 1997）所说的通过指导来增强输入，使用的是 Ioup（1995）的术语。在引言中，我们引用了证据表明，使儿童能够掌握其 L1 发音的原始感知和肌动能力并没有随着时间的推移而丧失，成年人仍然可以使用。我们还引用了证据表明，高阶 L2 学习者倾向于（过度）依赖感知的分类模式，因此根据牢固确立的 L1 语音类别来感知 L2 声音。在这一方面，我们提醒读者，在大学学习过程中，我们实验中的高阶学习者都接受了密集的感知训练，将注意力集中在目标语言语音和其 L1 语音之间的细微对比上。我们认为这可能有助于他们减少对分类模式的依赖，而更多地依赖连续模式的感知，就像他们在习得 L1 时所做的那样，从而逐渐找出 L2 中的相关声音线索（Martohardjono 和 Flynn, 1995；另见 Hammond, 1995），并为 L2 语音建立正确的感知目标（Flege, 1995）。此外，高阶学习者都接受了 L2 语音产生的强化训练，旨在发展准确发音所需的精细化运动控制。总而言之，我们认为，我们所发现的杰出成年学习者的成功可能至少部分归因于 3 个因素的结合：高度的动机，持续获得大量的 L2 输入，以及对 L2 语音的感知和产生的强化训练。显然，在这一领域还需要做更多的工作，后续对最终习得的研究应更多地致力于确定特别成功的 L2A 的心理和背景相关因素。

到目前为止，我们的研究集中在具有荷兰语 L1 背景的成年学习者的英式英语和法语发音上。我们在本章中报告的研究结果是否可以推广到比我们实验中的 L1–L2 配对更远的其他类型的 L1–L2 配对，是一个实证问题。我们打算在未来的研究中探讨这个问题，研究对象是具有土耳其语、摩洛哥阿拉伯语或柏柏尔语等 L1 背景的荷兰语高阶学习者。

总而言之，尽管成年 L2 学习者讲话通常带有口音，我们似乎已经发现至少有一些人通过习得类似于母语的 L2 发音，战胜了口音的关键期假说（critical period heriod hypothesis，CPH）的预测。未来的一个主要挑战是确定哪些学习者、语境和语言变量（L1–L2 配对）的组合有助于习得类似母语的发音。

致　谢

感谢 Marie-José Palmen，Brigitte Planken，Chantal van Summeren 和 Erik Schils 对本章所报告的研究的贡献。还要感谢 David Birdsong，Kees de Bot，James Emil Flege，Daan Hermans，Margriet Jagtman，Annemieke Jansen-van Dieten 和 Eric Kellerman 的宝贵讨论和评论。

参考文献

Best, C., McRoberts, G., & Sithole, N. (1988). Examination of perceptual reorganization for nonnative speech contrasts: Zulu click discrimination by English-speaking adults and infants. *Journal of Experimental Psychology: Human Perception and Performance,* 14, 345–360.

Birdsong, D. (1992). Ultimate attainment in second language acquisition. *Language,* 68, 706–755.

Bongaerts, T. (1997). Exceptional learners and ultimate attainment in second language acquisition. In J. Aarts, I. de Monnink, & H. Wekker (Eds.), *Studies in English language and teaching* (pp. 169–183). Amsterdam/Atlanta: Rodopi.

Bongaerts, T., Planken, B., & Schils, E. (1995). Can late learners attain a native accent in a foreign language? A test of the critical period hypothesis. In D. Singleton & Z. Lengyel (Eds.), *The age factor in second language acquisition* (pp. 30–50). Clevedon, England: Multilingual Matters.

Bongaerts, T., Van Summeren, C., Planken, B., & Schils, E. (1997). Age and ultimate attainment in the pronunciation of a foreign language. *Studies in Second Language Acquisition,* 19, 447–465.

Flege, J. (1992a). The intelligibility of English vowels spoken by British and Dutch talkers. In R. Kent (Ed.), *Intelligibility in speech disorders* (pp. 157–232). Amsterdam: John Benjamins.

Flege, J. (1992b). Speech learning in a second language. In C. Ferguson, L. Menn, & C. Stoel-Gammon (Eds.), *Phonological development: Models, research, implications* (pp. 565–604). Timonium, MD: York Press.

Flege, J. (1995). Second language speech learning. Theory, findings, and problems. In W. Strange (Ed.), *Speech perception and linguistic experience: Issues in cross-language research* (pp. 233–277). Timonium, MD: York Press.

Flege, J., Munro, M., & MacKay, I. (1995). Factors affecting strength of perceived foreign accent in a second language. *Journal of the Acoustical Society of America,* 97, 3125–3134.

Geschwind, N., & Galaburda, A. (1985). Cerebral late ralization: Biological mechanisms, associations and pathology: A hypothesis and a program for research. *Archives of Neurology,* 42, 428–459, 521–552, 634–654.

Guiora, A. (1990). A psychological theory of second language production. *Toegepaste Taahvetenschap in Artikelen,* 37, 15–23.

Guiora, A. (1991). The two faces of language ego. *Toegepaste Taalwetenschap in Artikelen,* 41, 5–14.

Hammond, R. (1995). Foreign accent and phonetic interference: The application of linguistic research to the teaching of second language pronunciation. In F. Eckman, D. Highland, P. Lee, J. Mileham, & R. Rutkowski Weber (Eds.), *Second language acquisition theory and pedagogy* (pp. 293–303). Mahwah, NJ: Lawrence Erlbaum Associates.

Ioup, G. (1995). Evaluating the need for input enhancement in post-critical period language acquisition. In D. Singleton & Z. Lengyel (Eds.), *The age factor in second language acquisition* (pp. 95–123). Clevedon, England: Multilingual Matters.

Ioup, G., Boustagui, E., El Tigi, M., & Moselle, M. (1994). Reexamining the critical period hypothesis: A case study in a naturalistic environment. *Studies in Second Language Acquisition, 16,* 73–98.

Klein, W. (1995). Language acquisition at different ages. In D. Magnusson (Ed.), *The lifespan development of individuals: Behavioral, neurobiological, and psychosocial perspectives. A synthesis* (pp. 244–264). Cambridge, England: Cambridge University Press.

Lenneberg, E. (1967). *Biological foundations of language.* New York: Wiley.

Long, M. (1990). Maturational constraints on language development. *Studies in Second Language Acquisition, 12,* 251–285.

Long, M. (1993). Second language acquisition as a function of age: Research findings and methodological issues. In K. Hyltenstam & A. Viberg (Eds.), *Progression and regression in language: Sociocultural, neuropsychological and linguistic perspectives* (pp. 196–221). Cambridge, England: Cambridge University Press.

Martohardjono, G., & Flynn, S. (1995). Is there an age factor for universal grammar? In D. Singleton & Z. Lengyel (Eds.), *The age factor in second language acquisition* (pp. 135–153). Clevedon, England: Multilingual Matters.

Neufeld, G. (1977). Language learning ability in adults: A study on the acquisition of prosodic and articulatory features. *Working Papers on Bilingualism, 12,* 46–60.

Neufeld, G. (1978). On the acquisition of prosodic and articulatory features in adult language learning. *The Canadian Modern Language Review, 34,* 163–174.

Novoa, L., Fein, D., & Obler, L. (1988). Talent in foreign languages: A case study. In L. Obler & D. Fein (Eds.), *The exceptional brain: Neuropsychology of talent and special abilities* (pp. 294–302). New York: Guilford.

Palmen, M.-J., Bongaerts, T., & Schils, E. (1997). L'authenticité de la prononciation dans l'acquisition d'une langue étrangère au-delà de la période critique: Des apprenants néerlandais parvenus à un niveau très avancé en français. [Authenticity of pronunciation in foreign language learning beyond the critical period: Dutch learners at an advanced level of French]. *Acquisition et Interaction en Langue Etrangère, 9*, 173–191.

Patkowski, M. (1994). The critical age hypothesis and interlanguage phonology. In M. Yavas (Ed.), *First and second language phonology* (pp. 205–221). San Diego: Singular.

Rochet, B. (1995). Perception and production of second–language speech sounds by adults. In W. Strange (Ed.), *Speech perception and linguistic experience: Issues in cross-language research* (pp. 379–410). Timonium, MD: York Press.

Schneiderman, E., & Desmarais, C. (1988). The talented language learner. Some preliminary findings. *Second Language Research, 4*, 91–109.

Schumann, J. (1975). Affective factors and the problem of age in second language acquisition. *Language Learning, 25*, 209–225.

Schumann, J. (1978). *The pidginization process: A model for second language acquisition.* Rowley, MA: Newbury House.

Scovel, T. (1969). Foreign accents, language acquisition, and cerebral dominance. *Language Learning, 19*, 245–253.

Scovel, T. (1988). A *time to speak. A psycholinguistic inquiry into the critical period for human speech.* Rowley, MA: Newbury House.

Van Wuijtswinkel, K. (1994). *Critical period effects on the acquisition of grammatical competence in a second language.* Unpublished B.A. thesis, Department of Applied Linguistics, University of Nijmegen.

Werker, J. (1994). Cross–language speech perception: Development change does not involve loss. In J. Goodman & H. Nusbaum (Eds.), *The development of speech perception: The transition from speech sounds to spoken words* (pp. 93–120). Cambridge, MA: MIT Press.

Werker, J. (1995), Exploring developmental changes in cross–language speech perception. In L. Gleitman & M. Liberman (Eds.), *An invitation to cognitive science. Vol.1: Language* (2nd ed., pp. 87–106). Cambridge, MA: MIT Press.

Werker, J., & Logan, J. (1985). Cross–language evidence for three factors in speech perception. *Perception and Psychophysics,* 37, 35−44.

Werker, J., & Tees, R. (1983). Developmental changes across childhood in the perception of non-native speech sounds. *Canadian Journal of Psychology,* 37, 278−286.

White, L., & Genesee, F. (1996). How native is near-native? The issue of ultimate attainment in adult second language acquisition. *Second Language Research,* 12, 233−265.

Wode, H. (1993). The development of phonological abilities. In K. Hyltenstam & A. Viberg (Eds.), *Progression and regression in language: Sociocultural, neuropsychological and linguistic perspectives* (pp. 415−438). Cambridge, England: Cambridge University Press.

Wode, H. (1994). Nature, nurture, and age in language acquisition: The case of speech perception. *Studies in Second Language Acquisition,* 16, 325−345.

Wode, H. (1995). Speech perception, language acquisition, and linguistics: Some mutual implications. In W. Strange (Ed.), *Speech perception and linguistic experience. Issues in cross-language research* (pp. 321−347). Timonium, MD: York Press.

第七章 令人困惑的年龄：第二语言习得年龄差异的语言及认知因素

埃伦·比亚韦斯托克（Ellen Bialystok）

约克大学

贤治柏田（Kenji Hakuta）

斯坦福大学

问题的本质

尽管在第一堂统计学课程中就已经厘清相关性与因果关系，我们还是无法抗拒将因果关系归因于相关性。每当我们看到两个事件在时间和空间上有联系时，我们都必须提醒自己，对它们同时发生的最自然的解释，即一个导致另一个，可能是错误的。因果关系的假设是常识逻辑的基本原则之一：春雨成花，打翻果汁容器导致液体溢出，点击小型手持仪器的电源按钮会导致电视屏幕上出现图片。我们也都知道，在假设因果关系的解释时，需要谨慎的是反例：尽管是迷信，携带或不携带雨伞与当地气象条件没有因果关系。

我们如何发现两个具有共同发生模式的事件之间的正确逻辑关系？一个事件导致另一个事件的最简单的解释，通常以牺牲那些不容易融入解释但被忽视、搁置或打折扣的细节为代价。确实，正是处理托勒密行星运动描述中的不一致的最后努力导致了这种解释被推翻，但在基本逻辑被否定之前，人们花了14个世纪和无数次尝试来修补该理论。毫无疑问，托勒密的描述之所以经久不衰，其中一个原因是表面上看它似乎是正确的。对于观察者来说，地球确实看起来是行星系统的中心。要发现正确的逻辑模型，需要跳出直接感知数据的领域，想象出更微妙、更难接近、更间接的替代解释。

为似乎彼此之间具有简单可观察关系的事件找到正确解释的问题，也可以延展到对年龄与第二语言习得（second language auquisition，L2A）能力之间关系的探究中。从观察上看，两个事件之间存在共现：一个人开始学习 L2 的年龄在某种程度上与这个人在使用该语言多年后将获得的最终成功相吻合。但这两个事件——年龄和最终成功——是否有因果关系？对因果关系的解释需要比共现更有力的证据。

关键期假说（critical period hypothesis，CPH）是对年轻和年长学习者在 L2A 的成功率上有差异的因果解释。这种解释是因果关系，因为随着年龄的增长，大部分的成就差异被归因于大脑的成熟变化——这些变化改变了成功习得的可能性。关于 L2A 关键期地位的争论，与其说是与观察结果的记录有关，不如说是与这些数据的解释有关。在评估 L2 的最终熟练程度时，年轻的学习者通常比年长的学习者更成功吗？是的。年轻和年长的学习者处理学习问题的方式不同吗？想必是的。年轻和年长学习者的大脑是否存在神经系统的差异？大概是的。然而，这些陈述都不能强制得出这样的结论，即存在 L2A 的 CPH。同样，托勒密派和哥白尼派都没有对太阳东升西落的观察提出异议——他们只是对这些事件的解释不同。用统计测试的术语来说，最初学习的年龄和最终成就之间很可能存在相关性，但并不一定意味着年龄是该关系中的一个因果因素。事实可能是这样，但需要显示有说服力的因果关系数据作为证据。

我们评估关键期论证的方法是表明年龄干预语言和认知因素对 L2A 成功的影响。因此，年龄和成功之间的相关性是虚假的，因为这种关系实际上反映了这些语言和认知因素的影响。从统计上看，这一论点可以通过将年龄排除在方程之外，然后在没有年龄的情况下研究这些语言和认知因素之间的关系来证明。如果我们的解释是正确的，那么当年龄不包括在方程中时，语言和认知因素与熟练程度之间的部分相关关系应该仍然是显著的。此外，如果可以证明语言或认知因素（或社会因素，尽管我们没有讨论这些）能够产生有时归因于年龄差异的结果模式，那么就需要重新考虑年龄在解释这些影响方面的作用。然而，我们的方法是提供数据，通过确定检验结果与 CPH 的预测相矛盾的领域，来质疑认为这些影响是由年龄引起的观点。

关于 CPH 的争论体现了一些关于 L2A 的最基本问题，事实上，也体现了一般语言习得的最基本问题。这些问题延展到一些学科的基础上，如语言学、认知心理学、神经语言学。语言学习是受环境条件制约还是受内部生物程序制约？语言是存在于独立构建的心理表征中,还是在处理过程中相互提供?迁移是语言学习中的正当过程,还是不同语言不当分离的不良症状?在某种程度上,这些问题和其他人类语言学习的基本问题的答案部分取决于年龄在语言习得方面所起的作用。如果说 L2A 有一个关键期,那么从逻辑上讲,第一语言习得(first language acquisition, L1A)也有一个关键期,关于语言处理问题的答案也就有了明确的方向。因此,在接受 L2A CPH 时必须谨慎。在方法论上,必须从零假设开始,即不存在这种限制,并提出拒绝该假设的理由。

关键期特征

什么会构成关键期的证据?请参见以下 3 个已经提出的定义:

在生命周期的特定时期,许多结构和功能变得特别容易受到特定体验(或缺乏这些体验)的影响,从而改变该(或相关)结构或功能的某些未来实例化。(Bornstein, 1989: 179)

某些环境事件必须在生物体发育的特定时间发生,才能正常发育。(Gazzaniga, 1992: 56)

任何学习能力发生成熟变化的现象,在某个可定义的成熟期出现学习高峰……而在此时期之外,在相同的经验接触下,学习能力下降。(Newport, 1991: 112)

此外,Colombo(1982)和 Bornstein(1989)都确定了在学习中要指定的标准。这些标准被认为会受到关键期的限制。这些标准包括该时期的开始和偏移时间,以及其他表征关键期学习性质的因素。在所有这些定义中,有两点反复出现。其一,关键期的学习是有保证的,个体间相似,描述规范,可能主要受内生因素支配。因此,外生因素对这种学习的影响应该很小。其二,关键期之外的学习在形式和成功方面都是不同的,特别是它的结果会更不确定,更不稳定。因此,这两种学习类型之间应该存在一个明显的不连续性。这种不连续性的时间应该反映关键期的结束。

一些研究人员试图采取温和的立场,提出了 CPH 说的弱化版本。这些立场通常体现在术语选择上,特别是使用敏感期而不是关键期这一术语。Colombo(1982)讨论了这种区分未能澄清问题的原因——主要是因为很难将各种现象归类为一种或另一种,且缺乏证据表明这两种现象彼此不同。同样,也有人试图削弱使关键期成为不同学习情境的条件。如果关键期只被认为是一个敏感度提高的时期,可以在这个时期之外克服。正如一些说法所认为的那样,那么几乎毫无疑问,语言习得存在一个关键期。但按照这些标准,我们几乎学习所有东西都会有一个关键期(棒球、音乐和微积分就是例子)。

但与何相比?

我们的讨论是通过研究一些语言和认知因素在 L2A 中的作用,并考虑年龄如何与这些因素相互作用。但我们首先需要知道:规则是什么;我们试图解释的是什么;L2 的熟练程度是什么意思。

Pinker(1994)讲述了 20 世纪 50 年代棒球播音员 Dizzy Dean 的故事。他经常这样描述比赛——"他冲上了二垒。He slood into second base." Dean 先生的母语是英语。但在他的家乡阿肯色州,诸如此类的方言特点被认为是标准的。什么是母语能力?这种情况尽管可能看起来很极端,只是语言使用连续统变化的一个进展。

在所有关于 L2A 的研究中都有一个假设,即学习者正在努力实现某个可陈述的目标,即每个母语人士心中所体现的语言的标准和完美版本。Chomsky(1957)正式承认这种理想化是语言能力,并很快否定了这种能力由真正说话者产生的可能性(Chomsky 本人也是如此),因为令人清醒的现实表现使凡人无法达到这种完美的水平。出于这个原因,大多数语言学研究都是基于说话人的判断,而不是说话人的表现。因为有一种说法是,判断可以完全从能力出发,而表现则不能。但 Dean 先生会如何判断他自己描述跑垒员到达二垒的句子呢?事实上,母语者在执行判断任务时并不是 100% 准确的。那么,当我们含糊其辞地谈论 L2 学习者达到类似母语的熟练程度时,我们指的是什么?这种指定标准语言形式的问题在所有的分析层面都很明显,但音系学也许是最突出的。

除了确定正确性标准的问题外,还有范围和普遍性的问题。在一些局部评估的基础上,可对一般能力或语言熟练程度给出结论。什么样的评估可以合法地支持这种说法?这在很大程度上取决于被检验假设的性质。例如,关于 L2A 过程的理论应该导致关于习得的具体预测,可以通过对语言结构的详细分析来检验。因此,这些理论可以通过一些离散的语言特征来支持。然而,关于关键期的理论可能需要更广泛的证据,涵盖语言能力的许多方面。一方面,需要选择狭义上的理论维度的测量方法；另一方面，又需要使用全球性的、生态学上更有效的测量方法。这两者之间存在内在矛盾。

对 L2A 关键期的研究已经利用了一系列结果。最明确的是通用语法（Universal Grammar，UG）所定义的变量，即那些在人类语言中被认为是抽象的和不可学习的元素，如从属关系和复杂名词短语的约束（例如，Johnson 和 Newport，1991；Juffs 和 Harrington，1995；Martohardjono 和 Flynn，1995）。我们的想法是，这些原则是限制学习者能够构建关于语法假设的生物语言程序的一部分。如果学习者无法进入该生物程序，那么他们可能也无法进入从 UG 的这些限制中得出的特定语法假设，从而难以（甚至不可能）自然地发现这些规则。因此，UG 被带到了一种现实层面，实际上被移入了具体规则而不是抽象约束的领域。那么，如果像 Chomsky（1995）最近所做的那样，宣布放弃这些限制时，这些理论会特别令人不安。

另一种结果是由语法规则定义的。这些规则不一定需要正式的语法理论来解释。例如，Johnson 和 Newport（1989）研究了 12 种规则类型，包括过去式、复数和第三人称单数动词。违反这些语法规则的行为是通过省略所需的语素、用不适当的语素替换所需的语素、使不规则的项目变得规则，或在已经有不规则标记的项目上附加一个规则标记而产生的。这些规则可以是抽象的，因为它们是抽象语法一般理论的一部分。但它们也可以通过植根于认知分析的非语言模型来解释。因此，由这些规则定义的结果在现象的语言特异性方面是模棱两可的。

第三种结果是对熟练程度某些方面的全面评估。例如，Patkowski（1980）要求训练有素的评委对 L2 学习者的录音叙事记录的整体句法熟练程度进行评分。Oyama（1976）也招募了一些评分员。他们听了录音带上的叙述，并对流畅性进行了判断。最近，Bongaerts，Planken 和 Schils（1995）征求了评估者对学习者外国口音程度的判断。在此类研究中，评估的是整体熟练程度，因此可能最接近语言熟练程度的常识性定义。尽管评级的可靠性和用于生成评级的标准在科学上的权威性可能受到质疑，评估的生态效度很高。

在学习成果的精确规范和 L2A 的生态有效性之间的选择为研究人员提供了重要的方法论借鉴。就理论解释精度而言，最好通过测试特定结构来实现。例如，如果理论是 UG 支配着 L2A，直到青春期，然后变得不可用，那么基于 UG 的结构是需要研究的珍贵项目。发现非 UG 结构与年龄相关的影响对 UG 理论来说可能是个问题，但可能会推动各种替代理论的发展。无论结果如何，语言学数据的性质对于阐明这些数据可能产生的解释至关重要。

语言学考量

如果语言被表示为与生俱来的抽象原则,并且存在语言习得的关键期,那么关键期的 L2A 应该类似于 L1A。因为这两个过程都是由学习者对这些原则的访问所决定的。因此,关键期的 L2A 应该很少或没有受到 L1 迁移的影响,因为在构建 L2 规则系统的过程中,直接访问 UG 应该优先于认知干预。然而,在关键期之后的学习将反映 L1 的元素,因为一般的认知资源将被招募来构建语言系统,并且它们自然会从已经存在的语言结构开始。因此,在关键期结束之前和之后展示不同类型的语言迁移,将是 L2A 中关键期论点的支撑。

从历史上看,语言迁移的证据一直是解释 L2A 独特性的一种手段,并在早期对这一问题的研究中被作为实证方法来定义这一差异(Hakuta 和 Cancino,1977)。有人认为,如果 L2A 与 L1A 相同,那么这个过程在很大程度上是一种语言学发展。不管是什么原因使儿童有把握进入抽象规则和表征的神秘世界,都会同样引导 L2 学习者达到熟练程度。此外,流行的语言学理论假设与儿童相关的普遍结构使神经因素成为 L1A 的重要方面。然而,如果认为 L2A 的过程和结果与 L1A 有很大不同,那么就需要调用其他类型的因素,特别是认知和社会因素。试图在这个问题上发表意见的经验证据在很大程度上是模棱两可的:L2A 在某些方面与 L1A 完全一样,而在其他方面则完全不同。因此,语言学—神经学和认知—社会学的解释都是需要的。关键期的辩论需要回到这些论点中的一部分。如果发现即使对于最年轻的学习者来说,从第一语言(first language, L1)的迁移也可以表征学习,那么 L2A 的一些责任就需要重新分配给这些其他因素。

尽管迁移确实在某些方面将 L2A 与 L1A 区分开来,尚不清楚该过程本身是否是 L2A 所独有的。儿童发展的一个主要方面包括他们将语言能力与概念知识联系起来。在这个意义上,儿童的 L1A 也涉及从认知结构到语言结构的迁移。也就是说,迁移可以被认为是一个更广泛的过程,而不仅仅是将语言结构从一种语言系统扩展到另一种语言系统。它还涉及从一个领域到另一个领域的知识概括或使用。这种对语言习得中迁移的认知解释在多大程度上适用于在 L2A 中观察到的迁移类型?

首先考虑那些可以在 L2A 中观察到的迁移类型。迁移已经在不同的语言分析层面上被发现,前面描述为包含 UG 抽象规则的一部分(如近邻约束),或两种语言之间的表面结构相似性(如否定词、限定词)。在单个单词的语义解释中也发现了迁移(例如,Ijaz, 1986; Kellerman, 1986)。这些例子属于从抽象语言结构到认知概念化的连续统。在第一种情况下，学习者利用 UG 表征第一语言结构的预连接约束来形成话语；在第二种情况下，学习者使用结构知识并将其应用于 L2，基于两者相似的假设。这些过程在许多方面彼此不同：它们基于不同类型的心理表征，涉及学习者不同程度的意向性，并且对特定语言的变化具有不同的敏感性。尽管如此，它们都发生在 L2 的构建过程中。那么，迁移是一个语言学过程还是一个认知过程？

CPH 的重要迁移证据来自观察到的迁移类型与学习者成熟阶段之间的相互作用。如果有一种语言学习能力随着成熟、神经发育或萎缩而发生变化，那么随着时间的推移，迁移的结构可能会从抽象的语言原理转向更为表面的特征或认知上的结构。这将反映出对语言习得的控制从停留在一个特定的语言中心，即从形式上（神经学上）和功能上（语言习得装置）的定义到更普遍的认知过程。因此，随着对 UG 的访问变弱，L2 学习者对新语言的直觉将更少地依赖于为 L1 设置的 UG 约束，从而减少了这些抽象原则向 L2 的迁移。这可能会被越来越多地依赖基于语言特定特征的迁移效应所补偿。从经验上看，重要的发现为，从 L1 迁移的程度或性质在 L2A 的不同成熟阶段发生了质的变化。

关于这一点的证据表明，情况并非如此。例如，Juffs 和 Harrington（1995）发现年长和年轻的中国英语学习者对从属关系的迁移同样多。在评估他们对英语从属关系的掌握情况的判断任务中，两组人都表现良好，但所有学习者作出这些判断的时间都明显长于母语者。Bialystok 和 Miller（1998）发现，语言结构受 UG 约束较少的方面，即更多地沿着表面规则或认知规律的维度，有 6 种结构从中文到英文的迁移没有变化。如图 7.1 所示，无论是年轻还是年长的学习者，在句子判断任务中，在包含中英两种语言语法特征不同的项目上的错误，比在包含中英两种语言中相似语法特征的项目上的错误更多。类似地，，比判断含有共同错误的句子时更困难。年轻的学习者比年长的学习者表现更好，但模式完全相同。换句话说，尽管年轻和年长学习者的 L1 干扰量不同，干扰的性质是相同的。这些数据被绘制在图 7.2 中。Johnson 和 Newport（1989）的研究结果也支持年长学习者在绝对意义上比年轻学习者存在更多迁移的观点。然而，接受关键期的实验假设需要有证据证明在该时期内外迁移的规则质量存在不连续性。目前还未发现这种不连续性（Bialystok 和 Hakuta，1994）。

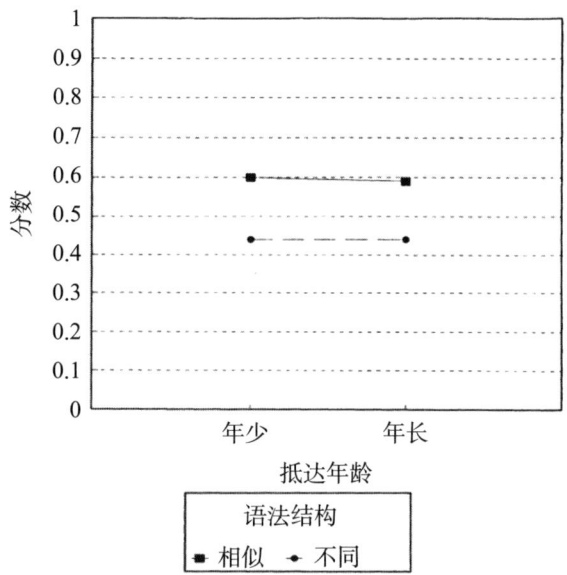

图 7.1 按抵达年龄划分的中国双语者的平均分数

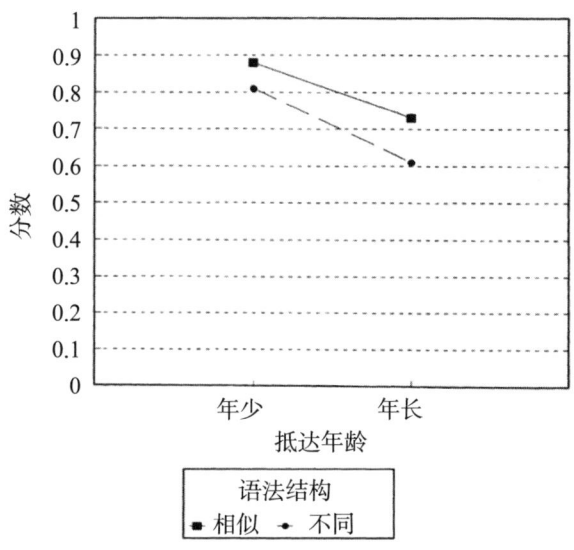

图 7.2 按抵达年龄划分的西班牙双语者的平均分数

认知考量

即使是那些把语言视为一个独立运作的模块，受特定领域的原则支配并通过专门的机制获得理论的专家，也动辄溢出到认知的领域。事实上，正是 Chomsky

（1957）将语言研究变成了一个认知问题，并引发了心理学理论的转变。这种转变后来被称为"认知革命"。然而，认知是如何涉入关于 L2A 是否存在关键期的辩论中的呢？

尽管语言习得在一定程度上可能受先天原则的制约，语言学习和使用的各个方面显然超出了这些专门模块的范围。例如，识字会永久性地改变儿童的语言概念。我们知道，学习阅读字母文字的儿童会发展出更复杂的语音结构概念。同时，无论他们阅读的语言为何，随着读写能力的建立，他们的元语言概念都会迅速提高（Adams，1990）。就读写能力是 L2A 的一个因素而言，该过程的这一方面必须被认为是由认知机制而非纯粹的语言机制控制的。尽管对读写能力在 L2A 中所起作用的研究很少，也可以做出一些推论。例如，某些教学形式对于识字的，也就是年龄较大的学习者来说是可行的，而对于不识字或年龄较小的学习者来说则是不可用的。不同的教学形式可能导致熟练程度的差异。识字因素也可能影响移民语言习得的结果。移民群体是关键期研究的一类常见人群。在这种情况下，学习者的识字率、书面文本的可用性、教学机会等其他此类因素都会影响学习者的语言熟练程度。一般来说，年轻的移民可能会在东道国语言学校上学，通过课文学习识字的语法形式，作为课程的一部分。一些年长的学习者，尤其是那些没有强大识字能力的学习者，可能无法接触到这些标准的书面形式。如果那些以目标语言上学的移民的最终成绩在很大程度上超过了他们的父母，这也就不足为奇了。然而，这些因素在文献中很少讨论，因此最终熟练程度的简单年龄相关差异的呈现并不能确定这些差异的原因。

认知影响 L2 能力评估的另一个例子，如果不是习得过程本身，可以通过归因于测试方法的表现差异看出。在对 Newport（1989）的研究进行复现时，Johnson（1992）对相同的参与者提供了相同的句子，但使用了书面陈述而不是原来的口头形式。参与者不仅在整体上表现出更高的水平，而且与年龄差异有关的结构也更少。换句话说，与年龄相关的学习差异证据不仅取决于被检查的结构，还取决于测试方式。在 Bialystok 和 Miller（1998）的研究中也发现了这种模式上的差异，即书面陈述比口头陈述更能带来更高水平的表现。为什么会这样？识字的影响也可能出现在结果中。同样，为了使年龄成为主要影响并在这些结果中被认为具有解释力，需要澄清测试方法的作用。

如果 L2A 是在认知过程的控制下进行的，而这些认知过程并不是语言学习模块所特有的，那么与年龄有关的最终熟练度的变化必须在一定程度上由这些一般认知机制的变化来解释。由于最终熟练程度随着初次习得年龄的增长而下降，这些一般认知机制的效率或有效性也必须下降，以作为熟练程度变化的部分解释。寿命认知研究的证据表明，正是发生了这种恶化（Schaie 和 Willis，1991）。在成对联想学习（如词汇习得）中，年长的学习者对材料呈现的时间因素更敏感，并且比年轻的学习者需要更长的间隔来回忆相同的配对（Craik，1986）。年长的学习者也更加谨慎。如果不确定答案的正确性，他们不太可能冒险进行配对（Birkhill 和 Schaie，1975）。对于年长的学习者来说，建立长期记忆的编码阶段也需要更长的时间，需要更多的测试来学习这个列表（Rabinowitz 和 Craik，1986）。在整个生命周期中，回忆细节的能力也在下降。随着学习者年龄的增长，他们越来越只记得要点（Hultsch 和 Dixon，1990）。这些是在整个生命周期中发生的认知功能下降的例子。所有这些能力都涉及语言的学习和使用，因此它们的下降会对学习新语言的能力产生不利影响。然而，这些功能的衰退是渐进的和持续的。从来没有人提出过存在一个记忆和认知的关键期。因此，如果最终语言能力的年龄变化是归因于这些认知变化，而不是归因于受成熟期限制的特定语言模块，那么 L2 最终能力的下降也应该是渐进和持续的。相反，如果最终熟练程度与年龄相关的变化是 L2A 关键期的反应，那么熟练程度应该在某个时间点表现出不连续性，可能在青春期前后。这种不连续性是拒绝不存在关键期的零假设所需的最小必要证据。

反映这些担忧的实证问题，是将熟练程度与语言学习年龄联系起来的函数形状，以及其他因素在这种关系中所起的作用。如果存在关键期，那么学习年龄和熟练度之间的关系将是非线性的，因为在关键期中有一个急剧的中断；如果没有关键期，则关系将是线性的。关于其他因素，如果存在关键期，那么年龄将是影响熟练程度的唯一或主要因素；如果不存在关键期，那么其他因素将很重要。

我们对 1990 年美国人口普查（美国商务部，1995）数据进行了初步分析，以检验这两个假设。该数据集包含大量人口特征信息，如家庭语言背景、移民美国的年龄、正规教育水平、英语能力等。这种人口数据既有优点也有缺点。其优点：（a）样本接近总体，相对没有偏差；（b）数值足够大，参数估计值高度可靠；（c）数据已被收集，许多人口统计变量的经验特性已得到充分了解。主要缺点：英语水平的衡量标准是通过自我报告获得的，容易受到各种形式的腐败影响。然而，许多研究将英语水平的自我报告与行为测量的熟练程度进行了比较，并报告了这两种测量方法之间存在合理的正相关关系（Hakuta 和 D'Andrea，1992；Kominski，1989，引自 McArthur，1993；McArthur 和 Siegel，1983）。

本分析基于纽约州的数据。该州与加利福尼亚州、佛罗里达州、伊利诺伊州、德克萨斯州一样，都是美国少数族群数量最多的州。在纽约州的人口中，选择了家庭语言为西班牙语或汉语的人。以下是估算的变量：

1. 在美国的居住时间（以入境年份为准）
2. 目前年龄（截至 1990 年）
3. 抵达年龄（当前年龄减去居住时间）
4. 接受正规教育的年限
5. 英语水平（完全不会，不好，好，非常好，只说英语）

由于人口普查数据是分类数据，最好通过对数线性分析对模型进行检验。然而，我们的目标之一是询问数据是否是线性的，因此通过插值将分类数据转换为单个分数，并且必须提出一些假设以使数据可以通过线性分析来解释。

因为我们感兴趣的是揭示最终熟练程度的渐进效应，而不是学习曲线，所以我们假设 10 年的居住时间对大多数人来说是足够的，可以达到稳定的英语熟练程度。因此，我们排除了居住年限在 10 年以下的参与者。这样一来，我们留下的样本中包括 24,903 名说汉语和 38,787 名说西班牙语的人。初步分析将英语熟练度绘制为抵达年龄的函数。通过使用 SYSTAT 的 LOWESS 程序（Wilkinson，1996）对数据进行局部加权的非线性函数拟合，就可以回答线性问题。图 7.3 和图 7.4 分别显示了汉语（$r=-0.52$）和西班牙语（$r=-0.44$）的线性趋势。将这两条曲线相互叠加可以看出，尽管西班牙语的平均分比汉语的略高，它们的斜率十分相似。最重要的是，青春期之前的年龄范围似乎没有什么特别之处。熟练度的下降在各个年龄段都保持不变，西班牙语和汉语的情况相似。

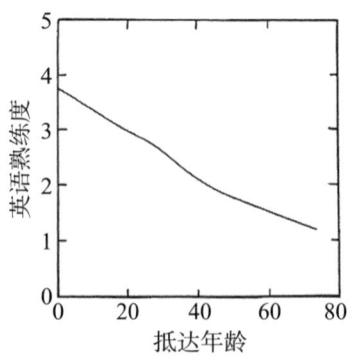

图 7.3 按抵达年龄划分的汉语使用者熟练程度

第七章　令人困惑的年龄：第二语言习得年龄差异的语言及认知因素　153

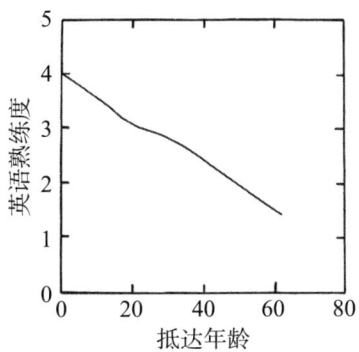

图 7.4　按抵达年龄划分的西班牙语使用者熟练程度

为了区分认知的影响，将数据按参与者的教育水平进行分类。建立了3个类别：（a）少于9年的正规教育；（b）9—13年的正规教育；（c）13年以上的正规教育。图 7.5 为受教育程度对汉语使用者的影响，图 7.6 为受教育程度对西班牙语使用者的影响。受教育程度与熟练程度呈正相关，与抵达年龄或语言无关。在解释这些数据时应注意因果关系：对于那些在儿童时期移民的参与者来说，英语水平的提高可以很容易地导致获得更正规的教育，反之亦然。

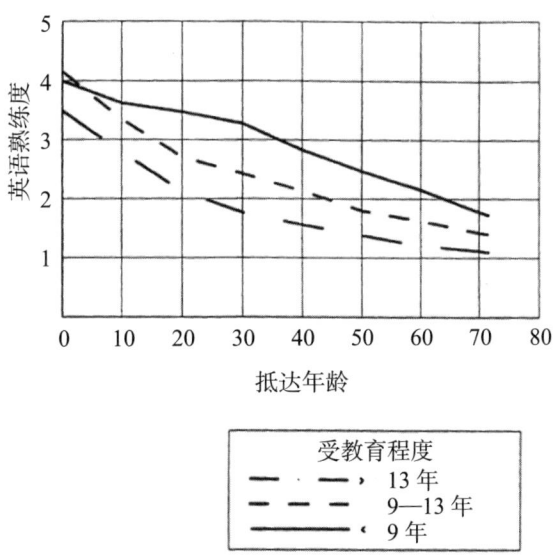

图 7.5　受教育程度对汉语使用者的影响

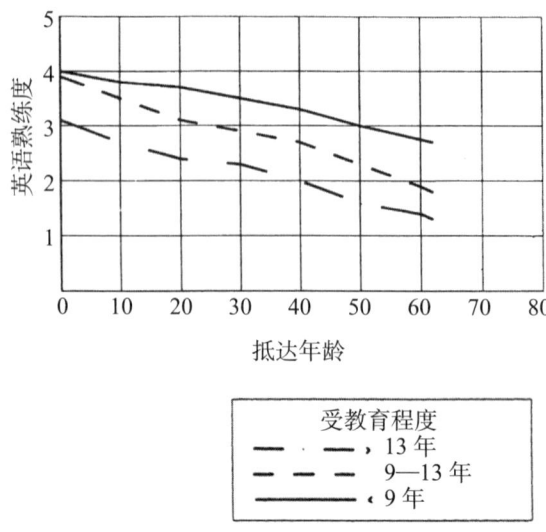

图 7.6 受教育程度对西班牙语使用者的影响

我们将进一步分析,把那些在美国受教育的人和那些在移民前受教育的人分开。然而,图 7.5、图 7.6 显示了两组参与者教育水平的系统效应。

结 论

人们很容易相信,儿童能比成年人更好地学习 L2,因为他们的大脑是专门为学习语言而组织的,成年人则不然。这就是 CPH 的解释。它的证据来自几个方面。非正式观察无可辩驳地表明,儿童在掌握 L2 方面比成年人更成功。实证研究通过展示儿童和成年学习者在各种任务和措施上的表现差异证实了这种模式。然而,非正式观察和实证测试也发现了该规则的例外情况。晚期学习者有时能在 L2 中达到类似母语的完美水平(例如,Ioup, Boustagui, El Tigi 和 Moselle,1994),实验结果有时表明晚期学习者的表现与早期学习者一样好,即使年龄较大的组平均而言表现更差(Birdsong, 1992)。大脑成熟等生物学限制不应该那么轻易就被推翻。

神经学方面的证据也被积累起来,以支持 L2A 的 CPH。例如,Neville(1995),Neville 和 Weber-Fox(1994),以及本书第二章证明了与事件相关的大脑电位差异,表明早期和晚期的语言学习者的神经组织是不同的。然而,需要再次强调,相关关系并不是因果关系。研究人员提醒我们,神经组织可以反映不同类型的经验,而不会出现异常或支持较差的表现(Elbert, Pantev, Wienbruch, Rockstroh

和 Taub，1995；Locke，1993；Merzenich 等人，1984）。换句话说，特殊经历可能会影响神经组织而不影响表现。正如 Gazzaniga（1992）所指出的，神经结构很可能被认知过程改变，就像认知过程由神经结构决定一样。我们在成长过程中积累的经验和知识改变了新信息（包括新语言）的表示方式。这些差异可以被检测为大脑中不同的神经组织模式。这并不奇怪。事实上，人群中的大脑模式各不相同：在某些人中，语言被侧化到右半球而不是左半球，但他们仍然可以写字、画画和投掷棒球。唯一的问题是学习是否因这些差异而受损，以及确定差异的关键变量是否是首次接触的年龄。在这里，只有行为证据是相关的。而行为证据并不能成为一个足够令人信服的案例。

Hurford（1991；另见本书第三章）提出了一个更不寻常的关于语言习得关键期（但不是明确讨论 L2A）的论点。他使用计算机建模来模拟人口增长和进化，展示了语言习得的关键期如何成为人口方面的适应性特征。他的解释是，青春期后没有选择的压力来保持语言学习的能力，所以它关闭了。这个论点很有趣，但讨论中的猜想的数量多到令人震惊。

我们的讨论描述了语言学习过程中涉及的一些语言和认知因素。这些因素与 CPH 的具体主张相矛盾，并提供了另一种解释年轻学习者通常在 L2A 中享有优势的方法。此外，社会因素通过提供培育环境、简化的输入、教育机会、合作的同伴，以及其他社会背景的支持，以促进任何语言的习得，减轻儿童语言习得所需的努力。鉴于旨在支持关键期的实验研究中的这些问题，难以确信年轻和年长学习者的表现差异反映的不仅仅是简单的相关性，并且考虑到对确实出现的数据模式的替代解释，我们认为没有理由拒绝 L2A 不存在关键期的零假设。

参考文献

Adams, M. J. (1990). *Beginning to read: Thinking and learning about print.* Cambridge, MA: MIT Press.

Bialystok, E., & Hakuta, K. (1994). *In other words: The science and psychology of second-language acquisition.* New York: Basic Books.

Bialystok, E., & Miller, B. (1998). *The problem of age in second language acquisition: Influences from language, task, and structure.* Unpublsihed manuscript, York University.

Birdsong, D. (1992). Ultimate attainment in second language acquisition. *Language,*

68, 706–755.

Birkhill, W. R., & Schaie, K. W. (1975). The effect of differential reinforcement of cautiousness in the intellectual performance of the elderly. *Journal of Gerontology,* 30, 578–583.

Bongaerts, T., Planken, B., & Schils, E. (1995). Can late learners attain a native accent in a foreign language? A test of the critical period hypothesis. In D. Singleton & Z. Lengyel (Eds.), *The age factor in second language acquisition* (pp. 30–50). Clevedon, England: Multilingual Matters.

Bornstein, M. H. (1989). Sensitive periods in development: Structural characteristics and causal interpretations. *Psychological Bulletin,* 105,179–197.

Chomsky, N.(1957). *Syntactic structures.* The Hague: Mouton.

Chomsky, N. (1995). *The minimalist program.* Cambridge, MA: MIT Press.

Colombo, J. (1982). The critical period concept: Research, methodology, and theoretical issues. *Psychological Bulletin,* 91, 260–275.

Craik, F. I. M. (1986). A functional account of age differences in memory. In F. Klix & H. Hagendorf (Eds.), *Human memory and cognitive capabilities* (pp. 409–422). Amsterdam: Elsevier.

Elbert, T., Pantev, C., Wienbruch, C., Rockstroh, B., & Taub, E. (1995). Increased cortical representation of the fingers of the left hand in string players. *Science,* 270, 305–306.

Gazzaniga, M. S. (1992). *Nature's mind: The biological roots of thinking, emotions, sexuality, language, and intelligence.* New York: Basic Books.

Hakuta, K., & Cancino, H. (1977). Trends in second language acquisition research. *Harvard Educational Review,* 47, 294–316.

Hakuta, K., & D'Andrea, D. (1992). Some properties of bilingual maintenance and loss in Mexican background high-school students. *Applied Linguistics,* 13, 72–99.

Hultsch, D., & Dixon, R. (1990). Learning and memory and aging. In J. E. Birren & K. W. Schaie (Eds.), *Handbook of the psychology of aging* (3rd edition, pp. 258–274). New York: Academic Press.

Hurford, J. R. (1991). The evolution of the critical period for language acquisition.

Cognition, 40, 159–201.

Ijaz, H. (1986). Linguistic and cognitive determinants of lexical acquisition in a second language. *Language Learning, 36,* 401–451.

Ioup, G., Boustagui, E., El Tigi, M., & Moselle, M. (1994). Reexamining the exitical period hypothesis: A case study of successful adult SLA in a naturalistic environment. *Studies in Second Language Acquisition, 16,* 73–98.

Johnson, J. S. (1992). Critical period effects in second language acquisition: The effect of written versus auditory materials on the assessment of grammatical competence. *Language Learning, 42,* 217–248.

Johnson, J. S., & Newport, E. L. (1989). Critical period effects in second language learning: The influence of maturational state on the acquisition of English as a second language. *Cognitive Psychology, 21,* 60–99.

Johnson, J. S., & Newport, E. L. (1991). Critical period effects on universal properties of language: The status of subjacency in the acquisition of a second language. *Cognition, 39,* 215–258.

Juffs, A., & Harrington, M. (1995). Parsing effects in L2 sentence processing: Subject and object asymmetries in Wh-extraction. *Studies in Second Language Acquisition, 17,* 483–516.

Kellerman, E. (1986). An eye for an eye: Crosslinguistic constraints on the development of the L2 lexicon. In E. Kellerman & M. Sharwood Smith (Eds.), *Crosslinguistic influence in second language acquisition* (pp. 35–48). New York: Pergamon.

Locke, J. L. (1993). *The child's path to spoken language,* Cambridge, MA: Harvard University Press.

Martohardjono, G., & Flynn, S. (1995). Is there an age-factor for universal grammar? In D. Singleton & Z. Lengyel, (Eds.), *The age factor in second language acquisition* (pp. 135–153). Clevedon, England: Multilingual Matters.

McArthur, E. (1993). *Language characteristics and schooling in the United States: A changing picture, 1979 and 1989* (NCES 93-699). U.S. Department of Education: National Center for Education Statistics.

McArthur, E., & Siegel, P. (1983). *Developments in the measurement of English language proficiency.* American Statistical Association, Proceedings of the Social Statistics Section (pp. 373–378).

Merzenich, M. M., Nelson, R. J., Stryker, M. P., Cynader, M. S.,Schoppmann, A., & Zook, J. M. (1984). Somatosensory cortical map changes following digit amputation in adult monkeys. *Journal of Comparative Neurology,* 224, 591–605.

Neville, H. J. (1995). Developmental specificity in neurocognitive development in humans. In M. S. Gazzaniga (Ed.), *The cognitive neurosciences* (pp. 219–231). Cambridge, MA: MIT Press.

Neville, H. J., & Weber-Fox, C. M. (1994). Cerebral subsystems within language. In B. Albowitz, K. Albus, U. Kuhnt, H.-Ch. Norhdurft, & P. Wahle (Eds.), *Structural and functional organization of the neocortex* (pp. 424–438). Berlin: Springer-Verlag.

Newport, E. (1991). Contrasting conceptions of the critical period for language. In S. Carey & R. Gelman (Eds.), *The epigenesis of mind: Essays on biology and cognition* (pp. 111–130). Hillsdale, NJ: Lawrence Erlbaum Associates.

Oyama, S. (1976). A sensitive period for the acquisition of a nonnative phonological system. *Journal of Psycholinguistic Research,* 5, 261–285.

Patkowski, M. (1980). The sensitive period for the acquisition of syntax in a second language. *Language Learning,* 30, 449–472.

Pinker, S. (1994). *The language instinct.* New York: Morrow.

Rabinowitz, J. C., & Craik, F. I. M. (1986). Prior retrieval effects in young and old adults, *journal of Gerontology,* 41, 368–375.

Schaie, K. W., & Willis, S. L. (1991). *Adult development and aging* (3rd ed.). New York: Harper Collins.

U. S. Department of Commerce (1995). *Census of Population and Housing: Detailed Cross-tabulations of Selected Language Groups for States: 1990.* CD-ROM, Bureau of the Census, Population Division, Decennial Programs Coordination Branch.

Wilkinson, L. (1996). *Systat 6.0 for Windows: Graphics.* Chicago: SPSS Inc.

作者索引

★ 索引所标页码为英文版页码，即本书的边码

A

Adams, M. J., 171,778

Ahrens, K., 30,36

Anderson, B., 89, 93

Andriew, A., 68, 93

Anisfeld, E., 106, 127

Anisfeld, M., 106, 127

Artola, A., 72, 93

B

Baldwin, J. M., 46, 62

Baron-Cohen, S., 90, 93

Barss, A., 27, 30, 37, 73, 97

Bates, E. A., 7, 8, 19, 20

Beck, M.-L., 87, 93

Best, C., 105,127, 134,156

Bever, T. G., 6, 7, 17,18, 84, 93, 105,110, 113,117, 119,125, 127

Bialystok, E., 11, 19, 169, 171, 172,178

Birdsong, D., 5, 9,11,12,13,14, 19, 81, 93,136,156,177,179

Birkhill, W. R., 172, 179

Bley-Vroman, R., 4, 5, 12, 19, 84, 93

Bloom, P., 91, 93

Bodmer, W. F., 40, 62

Bogen, J., 76, 94

Bohn, O.-S., 113, 115, 128

Bongaerts, T., 104,127,134,137,138,143, 154,156,158,166, 179

Borer, H., 85, 94

Bornstein, M. H., 71, 72, 73, 75, 77, 79, 94,163,164,179

Boustagui, E., 14, 20,134, 157,177,179

Boyd, R., 39, 62

Bradlow, A., 124, 126, 127, 131

Brauth, S. E., 67, 94

Britten, K. H., 78, 99

Buzsaki, G., 69, 96

C

Cancino, H., 167,179

Canseco, E., 30, 36

Cappa, S. F.,35, 37

Cavalli-Sforza, L. L., 40, 62
Celebrini, S.,78, 99
Chen, C.-M.,71, 95
Chomsky, C., 91, 94
Chomsky, N., 79, 84, 85, 94, 165, 166,171,179
Christiansen, M. H., 42, 63
Churchland, P., 109, 127
Clahsen, H., 74, 79, 80, 94
Cleave, P., 86, 98
Coffey, S. A., 34, 37
Cohen, G., 89, 94
Cohen, L., 35, 37
Collingridge, G. L., 69, 94
Colombo, J., 69, 73, 79, 82, 88, 94, 164,179
Cook, V. J., 79, 94,106,127
Coppieters, R., 19, 81, 94
Coppola, M., 12, 21
Corkin, S., 12, 21
Craik, F. I. M., 172, 179, 181
Crair, M. C., 70, 94
Cranshaw, A., 13, 19
Crawford, M., 23, 36
Curtiss, S. R., 1, 8,19, 74, 94
Cutler, A., 106, 127
Cynader, M. S., 177,180

D

D'Andrea, D, 173,179
Davis, M., 70/ 97
Dawkins, R., 39, 63
Deacon, T. W., 39, 63

Dehaene, S., 35, 37
Desmarais, C., 134, 158
Dixon, R., 172,179
Dooling, 67, 94
Duncan, G., 23,36
Dunkel, H., 106,127
duPlessis, J., 80, 94
Dupoux, E., 35, 37

E

Edelman, G., 109,127
Eichen, E. B., 24, 36
Elbert, T., 177,179
Ellis, R., 67, 94
Elman, J. L., 4, 7, 8,19, 43, 44, 63, 105,128
El Tigi, M., 14, 20,134,157, 177, 179
Epstein, S., 79, 95
Eubank, L., 66, 80, 83, 84, 87, 95

F

Fazio, F., 35, 37
Fein, D., 134,136,157
Felix, S., 5, 19, 80, 95
Finer, D. L., 86, 95
Flege, J. E., 9, 12, 14, 19, 20, 102, 103, 104, 105, 106, 108, 111, 112, 113, 115, 116, 117, 118, 119, 120, 123, 124, 125, 126, 128, 129, 130, 131, 134, 141, 148, 151, 156
Flynn, S., 4, 20, 79, 80, 95,155, 157, 166,180

Forster, A., 73, 97

Forster, K. L, 27, 30, 37

Fox, K., 68, 71, 95

Fox, M. W., 68, 95

Freeman, R. D., 23, 36

Frieda, A. M., 9, 20,106, 128

G

Gair, J. W., 80, 97

Galaburda, A., 134,156

Garrett, M. F., 27, 30, 73, 37, 97

Gazzaniga, M. S., 164,177, 179

Genesee, F., 13, 22, 80, 81, 82, 83, 88, 99,102,129,136,159

Geschwind, N., 134,156

Gilbert, C. D., 78, 79, 95, 97

Glazewski, S., 71, 95

Gleitman, L., 74, 75, 95

Goldowsky, B. N., 4, 20

Gopnik, M., 74, 86, 95

Grace, S., 87, 95

Grassi, F., 35, 37

Gregg, K. R., 66, 84, 95, 96

Grosjean, F., 106,129

Growdon, J. H., 12, 21

Guiora, A., 154,157

H

Haas, H. L., 69, 96

Hakuta, K., 11, 19, 167, 171, 173.178.179

Hall, W. S.,67, 94

Hamers, J., 102,129

Hammond, R., 155,157

Harrington, M., 14, 20,166,169,180

Harwerth, R., 23, 36

Hawkins, R., 4, 21

Henry, K. R., 68, 96

Hickok, G., 12, 21

Hinton, G., 46, 63

Hirsch, J., 24, 36

Ho, D., 106,129

Holcomb, P. J., 30, 34, 37

Hubel, D. H., 23, 38, 71, 96

Hultsch, D., 172, 179

Hurford, J. R., 6, 20, 41, 42,43, 44, 45, 46, 48, 51, 60, 61, 63, 66, 68, 72, 77, 96,105,129,178,179

Hyde, J. C., 89, 99

I

Ijaz , H., 168, 179

Ioup , G. , 14, 20,134,154,157, 177,179

J

Jacobs, B., 3, 20

Jang, S., 113,115,128

Johnson, J. S., 10,11,13,14, 20, 24, 27, 36, 79, 80, 96,165,166, 170,172,180

Johnson, M. H., 7, 19

Juffs, A., 14, 20, 22,165,169,180

K

Kaas, J. H., 23, 36

Kalil, R., 70, 71, 96

Karmiloff-Smith, A., 7, 19

Kellerman, E., 80, 96,168, 180

Kelley, D. B., 71, 72, 90, 96

Killackey, H. P., 23, 36

Kim, K. H. S., 24, 35, 36

Kirby, S., 44, 45, 46, 48, 51, 60, 63

Klein, W., 9, 20, 134, 135, 154,157

Knight, C.,41, 63

Knudsen, E., 23,36

Koroshets, W. J., 12, 21

Krashen, S. D., 68, 96

Krebs, J. R., 39, 63

Kuhl, P., 109, 129

Kuijpers, C. T. L., 109,129

L

Lambert, W., 102, 129

Lamendella, J., 102,129

Larsen-Freeman, D., 67, 96

Lawson, D. S., 33, 37,106,129

Lee, K-M., 24, 36

Lenneberg, E. H., 3, 20, 24, 36, 36,102, 729,133,157

Li, P., 8, 20

Liu, H., 8,12, 20,102,131

Locke, J. L., 177,180

Logan, J., 134,158

Long, M. H., 2, 3,11,12,15,17, 20, 36, 41, 63, 67, 79, 96, 97, 101, 129, 135,136,157

Love, T., 30, 36

Lumsden, C. J., 39, 63

M

Mack, M., 106,129

MacKay, I., 14, 20, 102, 103, 111, 112,119,120,128,129, 136,156

Macnamara, J., 106,129

MacWhinney, B., 8, 21

Malenka, R. C., 70, 94

Manuel, S., 79, 95

Marchman, V. A., 8, 21, 105, 129

Marler, P., 67, 97

Martohardjono, G., 4, 20, 79, 80, 95,97,155,157,166,180,

Mayberry, R. L, 13, 21, 24, 36

McArthur, E., 173,180

McLaughlin, B., 104, 129

McRoberts, G., 134,156

Meador, D., 111, 112,119,128,129

Medin, D. L., 80, 96

Mehler, J., 35, 37,106, 127

Meier, R. P., 5, 21

Meisel, J., 80, 97

Meltzoff, A., 109, 129

Merzenich, M. M., 23, 36,177,180

Miller, B., 169, 172, 178

Miller, J., 62, 63

Mills, D. L., 33, 37, 106,129

Molis, M., 11,12,14,19

Moltz, H., 68, 97

Mononen, L., 102,129

Morris, R. G. M., 70, 97

Moselle, M., 14, 20,134,157,177,179

Mueller, N., 83, 97

Munro, M. J., 14,20,102,103, 128, 136,156

Muysken, P., 79, 80, 94

N

Nelson, R. J., 177,180

Neufeld, G., 134,135,157

Neville, H. J., 24, 25, 26, 27, 28, 29, 30, 33,34, 36, 37, 66, 71, 73, 76, 77, 88, 90, 97, 98, 99, 129,131,106,177,180

Newman, R., 117,129

Newport, E. L., 4, 5,10,11,13,14, 20, 21, 24, 27, 36, 37, 74, 75, 76, 77, 79, 80, 95, 96, 97, 164, 165, 166, 170, 172, 180

Newsome, W. T., 78, 99

Newson, M., 79, 94

Nicol, J. L., 27, 30, 37, 73, 97

Norris, D., 106,127

Novoa, L., 134,157

Nowlan, S., 46, 63

Nozawa, T., 9, 20,106,128

O

O'Neil, W., 4, 20

Obler, L., 134,157

Osterhout, L., 30, 37

Oyama, S., 11, 21, 24, 37, 105, 111, 230,166,181

P

Palmen, M.-J., 143,158

Pantev, C., 177,179

Paradis, M., 106, 130

Parisi, D., 7, 19

Patkowski, M.,3,10,12,17, 21, 23, 37, 101, 102, 103, 104,130, 135, 136, 158, 166, 181

Penfield, W., 3, 21, 102, 120, 130

Perani, D., 35, 37

Pettet, M. W., 78, 97

Pinker, S., 5, 6,12, 21, 91, 97,165.181

Pisoni, D., 109,124,126,127,130,131

Planken, B., 104,127,137, 138,154, 156,166,179

Plunkett, K., 7,19

Pollock, J.-Y., 85, 97

Pulvermüller, F., 3, 11, 21

R

Rabinowitz, J. C., 172,181

Rakic, P., 67, 97

Relkin, N. R., 24, 36

Rice, M., 74, 86, 98

Richerson, P. J., 39, 62
Roberts, L., 3, 21,102,130
Rochet, B., 104, 108,130, 158
Rockstroh, B., 177, 179
Romaine, S., 106,130
Rosansky, E., 5, 21
Ross, J. R., 92, 98
Rutledge, V., 89, 93

S

Schachter, J.,79, 98
Schaie, K. W., 172, 179, 181
Schils, E., 104, 127, 137, 138, 143,154,156,158,166,179
Schmidt, A. M., 117,118,123, 124,125,128,129,130
Schneiderman, E., 134,158
Schoppmann, A., 177,180
Schumann, J. H., 3,11, 21,135, 158
Schwartz, B. D., 80, 83, 89, 98
Scovel,T.,3,17, 21,102,130,133,135, 136,158
Segui, J., 106,127
Seitz, M., 102,129
Seliger, H. W., 16,21
Selinker, L., 12, 21,106,130
Semogas, R., 106,127
Shao, J., 73, 98
Shenkman, K. D., 80, 96
Siegel, P., 173, 180
Silva, A., 71, 95
Singer, W., 69, 72, 89, 93, 98

Singleton, D., 101,130
Sithole, N., 134, 156
Smith, E., 23, 36
Solin, D., 80, 94
Sprouse, R., 80, 89, 98
Starck, R., 102, 129
Stryker, M. P., 177,180
Swinney, D., 30, 36

T

Tallal, P., 34, 37
Taub, E., 177,179
Tees, R., 134,158
Thibos, L. N., 23, 36
Thompson, R. F., 69, 72, 98
Tohkura, Y., 124,126,127,131
Tomaselli, A., 83, 98
Towell, R., 4, 21
Travis, L., 80, 94

U

Ullman, M. T., 12, 21, 74, 87, 99

V

Vainikka, A., 80, 83, 89, 98
Valian, V., 91, 98
Van der Lely, H., 74, 87, 98, 99
Van Summeren, C., 138,154,156
Van Wuijtswinkel, K., 13, 22, 136,158
von Noorden, G., 23, 36

W

Waddington, C. H., 67, 68, 99
Walenski, M., 30, 36
Watkins, J. C., 69, 94
Webelhuth, G., 74, 86, 99
Weber-Fox, C. M., 24, 25, 26, 27, 28, 29, 30, 33, 34, 37, 88, 99, 106,131,177, 180
Weinert, R., 62, 63
Weinreich, U., 105, 131
Werker, J., 134, 158
Wexler, K., 86, 91, 98, 99
Wharton, G., 123, 129
White, L., 13, 14, 22, 80, 81, 82, 83, 88, 94, 99,136,159
Whorf, B. L., 92, 99
Wienbruch, C., 177,179
Wiesel, T. N., 23, 38, 71, 78, 79, 95, 96
Wilkinson, L., 174, 181
Willis, S. L., 172, 181
Wilson, E. O., 39, 63
Wode, H., 134, 159
Woodward, 76, 94

Y

Yamada, R., 124, 126, 127, 131
Yeni-Komshian, G., 12, 20, 102, 103, 104,107,131
Young-Scholten, M.,80, 83, 89, 98

Z

Zelinski, E. M., 89, 99
Zohary, E., 78, 89, 99
Zook, J. M., 177,180

主题索引

★ 索引所标页码为英文版页码，即本书的边码

A–D

age function 年龄函数，2，10–12，101–104，167–176

age of arrival（age of immersion）抵达年龄，9–12，24–38，102ff，111，167–178

ASL（American Sign Language）美国手语，13，75，88

behavioral evidence for Critical Period 关键期的行为证据，23–38，178

canalization 渠化，67–68

causality 因果关系，161–178

census data 普查数据，173–176

central nervous system 中枢神经系统，67，71，90

Chelsea 切尔西，74–75，77–79，88，91

Chinese 中文（中国人，中国的），10，13–14，24ff，112–113

closed-class words（vs. open-class words）封闭类词（相对于开放类词），16，34ff

cognition 认知，18，171–178
  domain-general, 领域一般性，
Competition Model 竞争模型
  Felix 菲利克斯，5
  MacWhinney 麦克威尼，8
Connectionism 联结主义，7–8，43–44
Consonants 辅音，116–119
discontinuity（non-linearity in age function），不连续性（年龄函数中的非线性），18，103ff，164，172–176
dissociations，解离，12，15–16，27ff，34ff，168–171
domain-specificity 领域特异性，79
Dutch 荷兰语，17–18，136ff

E–G

earlier is better 更早更好，101–104，162ff

ego permeability 自我渗透，154

end state 结束状态，9–15，18，164ff
  see also ultimate attainment 另见最终

习得

English 英语 17–18, 24ff, 84, 91, 111–118, 119–124, 137

ERP（Event-Related Brain Potential），事件相关脑电位, 15–16, 27ff, 76–77

Evolution 进化, 2, 5–6, 16, 39–63, 109, 178

    gene-culture co-evolution 基因文化协同进化, 39ff

    gene-language co-evolution 基因语言协同进化, 39–63

exceptional brain organization 异常大脑组织, 134

exercise hypothesis 练习假说, 105

exogenous factors in L2A 第二语言习得中的外在因素, 14–15

failure in L2A 第二语言习得失败 1, 12–15

falsification of Critical Period Hypothesis 关键期假说的证伪, 11, 12–15, 17–18, 105, 165

first language acquisition 第一语言习得, 73–77, 79, 80–89

fMRI（Functional Magnetic Resonance Imaging）功能性磁共振成像, 24ff

foreign accent 外国口音, 101–127, 133–155 *see also* speech; 另见言语 pronunciation 发音

formulations of Critical Period Hypothesis 关键期假说的形成, 2–8, 67–73, 104–108, 163–164

French 法语, 7, 13–14, 18, 91, 143ff

GB（Government and Binding）管辖与约束, 84

genetic factors in L2A 第二语言习得的遗传因素 6, 39–63

Genie 吉尼（人名）, 43, 74–75, 77–79, 88, 91

German 德语, 113–116

H–L

hardwiring 硬接线, 固有的, 固化的, 天生的, 本能的, 66, 69, 91

inhibition 抑制, 7–8

innateness 先天性, 5

innovation（linguistic）创新（语言学的）, 50

input 输入, 15, 154

interactive hypothesis 互动假设, 106–108

Italian 意大利语, 102, 111, 120–123

Japanese 日语, 92

Korean 韩语, 10, 113–116

language complexity, 语言复杂性, 47–48, 61

language size 语言规模, 16, 40–62

lateralization 侧化, 3, 67

length of residence 居住时长, 103ff, 111

less is more 少即是多, 5

literacy 识字, 171

long-term potentiation/depression 长时程增强/抑制, 69–70, 78

M–O

Mandarin 普通话, 113–116

maturational effects 成熟效应, 4–5, 9–12, 23–38, 88–89 see also post-maturational effects metabolism, 另见成熟后年龄效应 6–7

minimalist program 最简方案, 84

modality of testing 测试模式, 172

modularity 模块化, 65–67

motoric ability 运动能力, 135

multiple critical periods 多重关键期, 16, 77

nativelike attainment 本族语化达成率/达到母语水平, 9, 12–15, 81–83, 137–155

neural evidence for critical period 关键期的神经证据, 23–38, 177–178

neural imaging 神经成像, 16

neural subsystems (in bilingualism) 神经子系统（在双语现象中）, 3, 7, 23–28, 133

neural plasticity 神经可塑性, 3

neurological processes 神经过程, 68–70, 76, 77

neurophysiology of maturation 成熟神经生理学, 12

onset/offset of Critical Period 关键期的开始/偏移, 79, 136

P–S

parameter (re) setting 参数（重新）设置, 4, 83–89, 91–92

perception 感知, 108–124, 134

perceptual categories 感知类别, 118–124, 135

periphery 外围, 66

PET（Positron Emission Tomography）PET（正电子发射体层摄影）, 35

Piagetian development 皮亚杰发展, 5

plasticity 可塑性, 3, 16, 23–24, 36, 67, 69, 71, 91–92, 133

post-maturational age effects 成熟后年龄效应, 9–12, 120–124, 174–178

pragmatic competence 语用能力, 66

pronunciation 发音, 17–18, 101–131, 133–159 see also foreign accent; 另见外国口音; speech 言语

psychogrammar 心理语法（Bever）, 6–7, 110–111, 113

puberty 青春期, 11, 13, 36, 41–62, 133

senescence 衰老, 6

sensitive period 敏感期, 2, 68, 72, 90, 164

Spanish 西班牙语, 113–116, 123–125

speech 言语 see also pronunciation 另见发音;

    foreign accent 外国口音

    accuracy 精确度, 139ff

    production and perception 产出和感知, 108–110

Speech Learning Model 言语学习模型, 109, 119ff, 126

speed of acquisition 习得速度, 49–62

SPS（syntactic positive shift）句法正

漂移，30–34

success in L2A 第二语言习得的成功，12–15

Swahili 斯瓦希里语，84

starting small 从小开始，4–5，16，43–45，60

Subset Principle 子集原则，4

syntactic versus semantic defificits 句法与语义缺陷，27ff

T–Z

target language use 目标语言的使用，9，102，106–107，171

training (in pronunciation) 训练（发音），126–127，137–155

transfer (cross–linguistic influence) 迁移（跨语言影响），8，104–126，167–171

UG (Universal Grammar) UG（普遍语法），3，4，5，7，16–17、18、79–89、91–92、165–171

ultimate attainment 最终习得，10，136–155 see also end state 结束状态

unfolding hypothesis，展开假说 105

use it or lose it 用进废退，6–7

use it then lose it 用后则废，5–6

VOT (Voice Onset Time) 发声起始时间，117–119，126

vowels 元音，113–116

working memory 工作记忆，43–45